내 마음 바로보기

마 가 엮음

홍 익 출 판 사

모든 존재들이 고통에서 벗어나 행복하기를...

나누는 기쁨 공동체 cafe.daum.net/jurira

시작하기 전에

반갑습니다!

이 수업을 선택하신 여러분의 안목에 찬사를 드립니다.
내 마음 바로보기 수업을 시작한지도 어언 6년이 되었습니다.
그동안 많은 학생들과 울고 웃으며, 자신을 찾아 사회로 내 보냈습니다.
그러나 급변하는 시대에 맞추기 위해 교재를 전면 수정 보완했습니다.

나의 현재를 바로보고, 어디로 어떻게 가야 하는지에 초점을 맞췄습니다.
내가 누군지를 살피고, 나와 연관 되어 있는 사람들과의 관계를 살피며
어떻게 하면 주인공으로 잘 살 수 있는지를 탐구해 나가도록 꾸몄습니다.

여러분의 생각의 틀을 깨뜨리는 내용이 종종 나올 것입니다.
그럴 땐 가만히 바라보십시오.
일어나는 그 마음을 지켜보십시오.

실패하고, 불행해지는 사람들은 모두 마음의 노예로 살기 때문입니다.
그러나 성공하는 사람들은 마음의 주인으로 사는 사람들입니다.
여러분은 이 수업을 통해 마음의 노예인지, 마음의 주인인지를 알아갈 것입니다.

이 수업이 끝나면 여러분들은 지구에서 하나뿐인 멋진 명품이 될 것입니다.
또한, 자신의 인생에서 주인공으로 거듭날 것입니다.

'나'라는 존재는 우주에서 하나밖에 없는 귀한 존재입니다.
무엇으로 바꿀 수도, 대신할 수도 없는 오직 하나뿐인 귀한 존재입니다.
사람은 태어나면서 귀하고 천한 게 아니고, 귀한 행동을 하면 귀한 사람이 되고 천한 행동을 하면 천한 사람이 된답니다.
그 귀한 여러분은 몸과 입과 생각으로 하는 지금의 모든 걸 잘 살피는 방법을 통해서 주인공이 될 것입니다.

나를 사랑하지 않는 사람은 사랑을 받지도 못하고 남을 사랑할 수도 없습니다. 나를 사랑하지 못하는 사람은 성공할 수 없습니다.
여러분은 이 수업을 통해서 내가 나를 사랑하는 법을 배우게 되고 남을 사랑하는 법을 배우게 됩니다.

자! 이제 저와 함께 멋진 여행을 즐겨 봅시다.

이 책이 다시 엮어지는데 많은 인연들의 수고로움이 들어 있습니다.
형운 스님, 지혜심, 연지심 보살님, 법해 포교사님께 감사드리며
자비명상 지도자 여러분에게도 깊은 감사의 마음을 전합니다.
살아 있는 존재들이 근심과 슬픔에서 벗어나 행복하기를........

2009. 2. 15

천안 만일사에서 마가 두손모음

차 례

부록

나누는 기쁨 공동체에서 하는 일

행복을 원하시나요?
편안해지고 싶나요?
자유롭고 싶나요?

특강 프로그램(2~4시간)

1. 자비명상
2. 마음 나누기
3. 행복연습
4. 응어리 풀기

교육 상담 프로그램

1. 개인 상담
2. 집단 상담
3. 기업연수
4. 가족 상담

나눔 프로그램

1. 자원봉사 모임
2. 고민함께 나누기
3. 명상 모임, 명상 여행
4. 지역 품앗이

1. 내 마음 바라보기란 무엇인가?

- 마음이 무엇이라고 생각합니까?
- 내 마음을 내 뜻대로 할 수 있습니까?
  내 마음을 내 뜻대로 할 수 없을 때는 언제였습니까?
- 마음에도 틀이 있다면 여러분 마음의 틀은 얼마만한 크기입니까?

마음에 대한 정의는 여러분이 말한 것처럼 다양합니다. 그래서 여러분의 혼란을 줄이는 의미에서 이 강의에서는 마음을 몸이나 물질과는 반대 개념으로 사용하고자 합니다.

마음은 멀리 있는 신기루가 아니라 지금 이 순간 자신에게 일어나는 것입니다. 강의를 듣고 있는 지금 이 순간도 여러분에게 많은 생각들이 '일어났다 사라지고, 기분이 좋아졌다 나빠졌다.' 변화를 하며, '공부를 열심히 해야지.' 하는 다짐을 하는 등 마음은 바쁘게 움직이고 있습니다. 그러다가 어떤 외부 사건이나 내면에 변화가 있으면 마음은 또 다른 길로 바쁘게 움직입니다.

여러분도 이처럼 마음이 미래, 과거로 돌아다니거나 온갖 상상의 나래를 펴면서 걱정을 하는 등 다양한 마음의 변화를 일상생활에서 경험하고 있습니다.

반면 마음이 잘 관리되면 무한한 힘과 에너지를 가집니다. 마음을 강조하는 '일체유심조'라는 말은 불교나 명상을 하는 사람들에게는 오래전부터 인정되어 오던 영역입니다. 이 영역이 요즘에는 병이나 운동 등으로 넓게 퍼져나가고 있습니다.

병을 이기겠다는 의지를 강하게 가지면 뇌에서 반응을 일으키고 그것은 병을 극복하는 바탕이 됩니다. 운동선수들이 중요한 경기에 대한 이미지를 만들어 승리하는 것을 상상하면 실제로 이루어진다는 것이 그 예입니다.

이러한 현상은 마음이나 생각으로 자신의 삶이 결정된다는 것을 의미합니다. 이런 점에서 우리는 마음을 다스려야하며, 그러기 위해서 선행되어야 할 것이 내 마음을 바라보는 것입니다.

이번 강의의 방향은 자신의 마음을 바라보는 것에 초점이 맞춰져 있습니다. 프로그램에서 타인과 이야기를 나누거나, 템플스테이에서 명상을 하는 등 다양한 경험을 할지라도 여러분이 항상 살펴야 하는 것은 자신의 마음입니다.

즉 내게 일어나는 느낌이나 마음의 변화에 깨어있어야 한다는 것입니다. 생각이나 느낌 등 마음은 어떤 정답이 있는 것이 아니라 단지 일어났다가 사라지는 현상입니다. 우리는 그것을 있는 그대로 바라보기만 하면 됩니다.

사람들은 저마다 마음의 틀을 가지고 있습니다. 너무 좁아서 어떤 것도 용납되지 않는 마음도 있으며, 대부분의 것을 수용할 수 있을 만큼 넓은 마음을 가진 사람도 있습니다. 여러분은 어떨까요? 마음의 틀 역시 우리의 마음 씀씀이에 따라서 크기가 달라집니다.

마음의 크기를 혼자 키우는 방법도 있지만, 다른 사람들과 함께 있을 때 더 키우기가 쉬워집니다. 다른 사람의 부정적인 모습에서 자신의 모습을 발견하고 성찰할 수 있으며, 나보다 넓은 사람을 보면서 내 마음을 확장시키고 성장시킬 수 있습니다.

그러므로 여러분은 모두가 서로의 스승이자 친구가 되는 것입니다. 서로 마음의 틀을 키우는 데 함께 해 나갑시다.

2. 인생 태도 조사

'**내** 마음 바라보기' 강의를 시작하면서 현재의 나는 어떤 인생 태도를 지니고 있는지 살펴보도록 하겠습니다.

※ 아래의 문항을 읽고 자신에게 해당되는 것은 O표, 해당되는 것 같기도 하고 그렇지 않은 것 같기도 하면 V표, 해당되지 않으면 X표 합니다.

A형 질문

구분	질 문 내 용	체크
1	나는 자신에게 성실한 편이다.	
2	나는 다른 사람으로부터 상처받기 쉬운 편이다.	
3	나는 나 자신에게 능력이 없다고 체념하는 경우가 자주 있다.	
4	나는 나의 실패를 별로 마음에 두지 않는다.	
5	나의 패션 감각을 좋아한다.	
6	나는 왜 이런 짓을 하고 있을까? 하고 생각할 때가 종종 있다.	
7	나는 내가 하고 싶은 일이라도 다른 사람이 싫어할 것 같으면 참는 편이다.	
8	나는 나의 행동이나 말에 자신을 가지지 못한다.	
9	나는 나에게 감추어진 재능이 있다고 생각한다.	
10	나는 남에게 비판을 받으면 아무 말도 하지 못한다.	
11	나는 좋아하는 사람에게는 내가 먼저 접근한다.	
12	나는 대부분의 일을 '하면 된다'고 생각한다.	

구분	질 문 내 용	체크
13	나는 나 자신을 매력적이라고 생각한다.	
14	나는 싫은 일이 있어도 금방 기분 전환을 할 수 있다.	
15	나는 하고 싶은 일이나 즐거운 일이 많다.	
16	나는 남에게 거리낌 없이 말하는 것이 별로 마음에 걸리지 않는다.	
17	나는 나 지신을 스스럼없이 드러내 보이면 상대방이 나를 혐오스러워할 것 같은 느낌이 든다.	
18	나는 내가 먼저 상대방에게 접근하는 일은 거의 없다.	
19	나는 나의 생활 방식이 마음에 든다.	
20	나는 상대방이 화제로 삼고 싶어 하지 않는 일에 대해서는 말을 잘하지 않는다.	
21	나는 무엇을 해도 잘 되지 않을 것 같은 느낌이 든다.	
22	나는 상대방과 비교해서 자신이 쓸모없게 생각되는 일이 자주 있다.	
23	나는 내가 느낀 것은 무엇이든 상대방에게 이야기하는 편이다.	
24	나는 나의 호의가 상대방에게 피해가 되는 것은 아닐 까 걱정이 된다.	

B형 질문

구분	질 문 내 용	체크
1	나는 '이 사람이 있어서 다행이었다.'라고 생각하는 일이 많다.	
2	나는 남과 함께 일을 하면 잘 안 되는 경우가 많다.	
3	나는 나의 취미에 맞지 않는 사람과는 사귀고 싶지 않다.	
4	나는 상대방이 여러 가지 일에 대해서 이야기하는 것을 듣는 편이다.	
5	나는 다른 사람이 나에게 친절해도 반갑지 않다고 느끼는 일이 있다.	
6	나는 상대방이 좋은 점, 장점을 이야기할 때 잘 들어주는 편이다.	
7	나는 상대방이 실패하거나 실수를 해도 그다지 초조해하지 않는다.	
8	나는 나와 다른 사고방식을 가지고 있는 사람과도 친근해질 수 있다.	
9	나는 다른 사람이 '연예란 이런 것이다.'라고 말할 때 반론을 편다.	
10	나는 상대방의 결점이 하나라도 눈에 띄면 상대방의 모든 것이 싫어진다.	
11	나는 상대방과 싸움을 해도 화해의 실마리를 스스로 만들 수 있는 사람이다.	

구분	질 문 내 용	체크
12	나는 귀찮은 일에는 될 수 있는 대로 관여하고 싶지 않다.	
13	나는 남에게 무엇인가 해 주거나 받는 것을 좋아한다.	
14	나는 즐거워 보이는 사람을 보면 자신까지 유쾌해진다.	
15	나는 무엇을 해도 잘 해내지 못하는 사람이 많다고 생각한다.	
16	나는 스스로 내 자신은 이렇게 노력하고 있는데 상대방은 그렇지 않다고 생각하는 일이 자주 있다.	
17	나는 무엇인가 분쟁이 생기면 남의 탓으로 돌려 버리는 일이 많다.	
18	나는 상대방을 진심으로 좋아한다고 느끼는 일이 자주 있다.	
19	나는 사적인 일은 거의 남에게 이야기 하지 않는다.	
20	나는 상대방의 무관심함에 화가 나는 일이 자주 있다.	
21	나는 상대방의 싫은 면도 포함해서 교재 해 나갈 수 있다.	
22	나는 그보다 더 좋은 상대가 반드시 있으리라고 생각한다.	
23	나는 '당신과 함께 있으면 안심이 된다.'라는 소리를 다른 사람들로부터 곧잘 듣는다.	
24	나는 남의 말을 곧이곧대로 잘 믿는 편이다.	

(1) 채점 방법

* O표 한 것은 2점, V표 한 것은 1점, X표 한 것은 0점으로 계산합니다.

A형 질문 집계표

문항	1	4	5	9	11	12	13	14	15	16	19	23	합계	내 용
점수														I am OK (자기 긍정)
문항	2	3	6	7	8	10	17	18	20	21	22	24	합계	
점수														I am Not OK (자기 부정)

B형 질문 집계표

문항	1	4	6	7	8	11	13	14	18	21	23	24	합계	내 용
점수														You are OK (타인 긍정)
문항	2	3	5	9	10	12	15	16	17	19	20	22	합계	
점수														You are Not OK (타인 부정)

(2) 해석 방법

① I am OK (자기 긍정)의 점수는 자기 자신에 대한 긍정적인 태도의 점수이다. 즉 자신에 대해서 바람직하고 긍정적인 사고방식을 가지고 있느냐, 아니냐에 대한 점수이다.

② I am Not OK (자기 부정)의 점수는 자기 자신에 대한 부정적인 태도를 가지고 있느냐에 대한 점수이다.

③ You are OK (타인 긍정)의 점수는 내가 다른 사람에 대해서 긍정적인 사고방식을 가지고 있는 점수를 의미한다.

④ You are Not OK (타인 부정)의 점수는 내가 다른 사람에 대해서 부정적인 태도를 가지고 있는 점수를 의미한다.

위와 같은 점수를 조합해서 보면 다음과 같이 인생 태도에 대한 점수가 나올 것이다.

① I am OK, You are OK : 자기 긍정, 타인 긍정의 점수가 높은 경우
- 자신과 타인에 대해서 모두 긍정적인 인생 태도를 가진 사람으로 대인관계를 원만하게 유지하며 가장 바람직한 인생태도라고 볼 수 있다.

② I am Not OK, You are OK : 자기부정, 타인 긍정의 점수가 높은 경우

- 자신에 대해서는 부정적인 인생 태도를 가지고 있지만, 타인에 대해서는 긍정적인 인생태도를 가지고 있는 사람으로 어떤 일이 잘못되거나 잘 풀리지 않을 경우 그 책임을 자기 자신에게 돌린다.

③ I am OK, You are Not OK : 자기 긍정, 타인 부정의 점수가 높은 경우

- 자신에 대해서는 긍정적인 인생 태도를 가지고 있지만 타인에 대해서는 부정적인 태도를 가진 사람으로 어떤 일이 잘못되거나 문제가 발생하면 상대방의 탓으로 돌리는 경우가 많다.

④ I am Not OK, You are Not OK : 자기 부정, 타인 부정의 점수가 높은 경우

- 자기 자신과 상대방에 대해서도 부정적이며 비관적인 인생 태도를 가지고 있는 사람으로 매사에 불평불만이 많으며, 대인 관계에서 어려움이 있다.

우리는 이 네 가지 중 어느 하나의 인생 태도를 가지고 살아간다고 볼 수 있습니다.

- 나의 인생 태도는 어느 유형에 속합니까?

- 어느 유형의 인생 태도로 살아가고 싶습니까?

- '내 마음 바라보기' 강의가 끝난 후 자신과 타인을 사랑하고 존중하는 새로운 나의 모습을 떠올려 보십시오.

3. 내 몸, 느낌, 마음 바라보기

일상생활에서 우리는 많은 감정의 변화를 경험합니다. 그 감정의 변화는 몸으로 행동을 하게 됩니다. 이것은 자연스러운 현상이지만, 감정의 변화를 느끼지 못하고, 감정에 휘둘리게 될 때 자신뿐만 아니라 타인과의 관계에서도 어려움을 겪게 됩니다. 그래서 명상에서는 몸이나 마음에 대한 알아차림을 강조하고 있습니다.

이 시간부터 우리에게 나타나는 몸이나 마음의 변화를 알아차리고 깨어있는 연습을 하려고 합니다. 이것을 꾸준히 연습하다 보면 폭발적인 감정이나 몸으로 인해 관계의 어려움을 겪지 않게 되고, 자신의 마음을 다스릴 수 있는 힘을 기르게 됩니다.

1) 남아있는 기억에 대한 몸, 느낌, 마음 바라보기

① 남아있는 기억 중 불쾌하거나 유쾌했던 상황을 적습니다.
② 그 상황에서 자신이 경험한 내용이나 반응을 적습니다.
③ 그 때 자신에게 일어난 몸의 현상, 느낌, 마음을 적습니다.
④ 모둠원과 이야기하며 소감을 나눕니다.

예

상 황	친구가 나한테 화를 냈다.
경험한 내용이나 반응	나는 감정을 자극할 생각이 없었는데 갑자기 화를 내서 어떻게 해야 할지 몰랐다. 그래서 왜 그러는지 물었다.
그 때 일어난 몸의 현상	다른 친구들이 보고 있어서 순간 얼굴이 붉어졌고, 가슴이 두근거렸다.
그 때 일어났다 사라진 느낌	갑자기 당해서 속상하고 어의가 없었다. 이유를 몰라서 당황스럽기도 하고, 기가 차고 화가 나기도 했다. 나를 때릴까봐 무섭기도 했다.
그 때 일어난 마음의 변화	미친 놈 아냐? 라는 마음이 들면서 피하고 싶었다. 그리고 담에 너랑 이야기를 하나 봐라? 하는 미운 마음도 일어났다. 그러면서도 내가 뭘 잘못했나? 하는 자책하는 마음도 들었다.
자신에 대해 알게 된 점	어떤 상황에서 나는 누군가가 나에게 화를 내면 무서워하면서 억울해도 참는다는 것을 알았다.

연습하기 1

상 황	
경험한 내용이나 반응	
그 때 일어난 몸의 현상	
그 때 일어났다 사라진 느낌	
그 때 일어난 마음의 변화	
자신에 대해 알게 된 점	

연습하기 2

상 황	
경험한 내용이나 반응	
그 때 일어난 몸의 현상	
그 때 일어났다 사라진 느낌	
그 때 일어난 마음의 변화	
자신에 대해 알게 된 점	

연습하기 3

상 황	
경험한 내용이나 반응	
그 때 일어난 몸의 현상	
그 때 일어났다 사라진 느낌	
그 때 일어난 마음의 변화	
자신에 대해 알게 된 점	

2) 지금 내 느낌은, 내 마음은, 내 몸은......

앞장에서의 연습은 나에게 지금까지 남아있는 사건이나 상황에 대해 기억 하는 형식으로 이루어졌습니다. 그것은 다음에 일어날 상황이나 일에 적용될 것이지만, 지금 이 순간 마음이나, 몸의 느낌을 알아차린다면 더 큰 도움을 받을 것입니다.

이번에는 지금 이 순간 내 느낌이나 마음, 몸 상태를 체크하는 것입니다. 대부분의 사람들은 관심이 외부로 나가는 경우가 많아서 자신의 느낌이나 몸에 집중하라는 말을 생소해 합니다. 그러나 조금씩 현재를 자각하다 보면 집중력이 커지게 되고, 마음도 편안해짐을 경험할 수 있을 것입니다.

느낌이나 기분에 대한 용어는 교재 부록을 참고하기 바라며, 머리로 생각하려고 하지 말고, 떠오르는 대로 지나가는 대로 알아차리기 바랍니다.

예

지금 내 기분은	지금 나는 기분이 좋다. 즐겁다. 편안하다.
지금 내 몸은	지금 팔이 아프다. 배가 부르다. 다리 통증이 있다.
지금 내 마음은	지금 마음이 편안하지 않다. 걱정이 된다.
지금 일어나는 생각은	지금 친구와 이야기하고 싶다.

지금 느낌, 마음, 생각, 몸은...

지금 내 기분은	
지금 내 기분은	
지금 내 몸은	
지금 내 몸은	
지금 내 마음은	
지금 내 마음은	
지금 일어나는 생각은	
지금 일어나는 생각은	

❖ 다 적었으면 6명이 팀을 만들어서 지금 이 순간 일어나는 생각이나 느낌을 이야기 합니다.

4. 나는 누구인가?

나는 누구인가? 라는 물음과 함께 자신의 내면을 있는 그대로 바라보는
'내 마음 바라보기' 여행을 시작합니다.

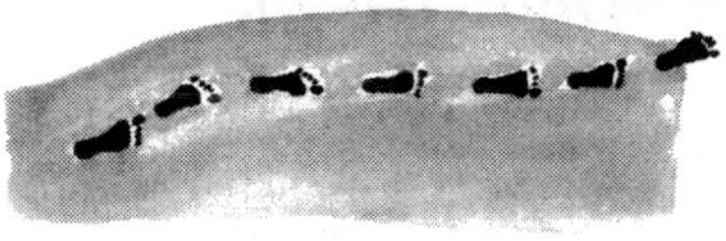

1) 자기소개 하기 - 별칭 짓기

조용히 눈을 감고 얼굴에는 미소를 지어 보시기 바랍니다. 편안하게 웃고 있는 자신의 모습을 눈앞에 그려보시기 바랍니다. 평화로운 자신의 모습에 어울리는 이름을 찾아보고 그 중에서 가장 마음에 드는 이름을 붙여 보시기 바랍니다. 가만히 눈을 떠서 이름을 적고 난 뒤에 별칭을 지은 이유와 의미를 가지고 자신을 소개합니다.

- 별칭은?
- 별칭을 지은 이유와 의미는?

2) 눈으로 말해요.

짝을 지어서 눈으로 말하기를 합니다. 마주보고 앉아서 손을 잡아 주시기 바랍니다. 서로 눈을 마주보고 1~2분 정도 말없이 이야기를 나누다가 상대

방에게 떠오르는 느낌이나 장면을 서로 이야기 합니다.

- 상대방의 눈을 바라볼 때 일어난 마음은?
- 남이 보는 자신의 모습에 어떤 느낌을 가졌나요?

3) 이것이 나입니다.

두 사람이 짝을 지어 자신이 살아온 삶과 현재 자신의 모습에 관한 이야기를 나눕니다.

한 명씩 번갈아가며 30분 정도 이야기하며, 이때 듣는 사람은 질문이나 어떤 공감이나 반대의견을 내서는 안 됩니다. 그냥 이야기를 들으면서 고개를 끄덕이거나 간단한 호응만 합니다. 이야기 내용은 자신이 살아온 삶에서 어려웠거나 즐거웠던 일, 지금 자신의 생활 속에서 일어나는 일 등 하고 싶은 이야기를 합니다.

- 자신이 이야기를 할 때 어떤 느낌이나 생각이 들었습니까?
- 다른 사람의 이야기를 들을 때 어떤 마음이 들었습니까?

4) 내면의 나 만나기

자신이 살아온 삶을 글로 써 봅니다. 어릴 때부터 천천히 자신의 삶을 돌아보면서 행복했던 일, 힘들었던 일 등 자세하게 적으면서 내면의 자신을 만나기 바랍니다. 만일 두려움, 혼란, 웃음, 눈물 등이 솟아나면 그것들과도 그대로 머무르십시오. 지금 자신의 모습을 수용하고 격려와 지지를 보내십시오.

나는 누구인가?

5) 나 긍정명상

나는 평소에 나 자신을 얼마만큼 위로하고 지지해 주는지 살펴보시기 바랍니다. 당신은 자신의 장점에 대해 얼마나 많이 찾을 수 있습니까? 자신에 대한 사랑이 바탕이 되지 않으면 타인이나 환경을 잘못 지각할 확률이 높아집니다. 장점은 특별한 것이 아니라 글을 쓰고 말하는 것, 잘 먹고 잘 자는 것 등의 일상 생활하는 그 자체가 장점입니다. 자신의 장점 50가지를 적어봅시다.

나의 장점

5. 가족 긍정명상

가족 속에서 내가 어떤 모습으로 살아가고 있으며, 가족에게 나는 어떤 존재인지,
부모님은 나의 삶에 어떤 영향을 끼치고 있는지 새롭게 해석해 보고
진정한 나를 만나보시기 바랍니다.

1) 가족 속에서의 나

우리는 가족이란 이야기를 들으면 반사적으로 아늑하고 따스한 보금자리를 떠올리곤 합니다. 그러나 나를 키우고 가르쳐 온 가족이라는 존재가 과연 자신에게 좋은 영향만을 주었는가에 대해 돌이켜 생각해보는 건 어떨까요.

자신이 만족스럽지 않았던 특징이나 성격의 요인이 나의 잘못이 아니라 어린 시절에 겪은 가족 안에서의 고통과 경험이 그 근원일 수 있습니다. 가족 관계를 살펴보면서 자신이 겪어온 고통의 근본적인 원인을 이해할 수 있습니다. 가족 안에서 어떻게 상처 받았고 구체적으로 무엇이 문제였는지를 성찰해 보시기 바랍니다.

- 우리 가족의 분위기는 어떠했나요?

- 나와 아버지, 어머니의 관계는 어떻습니까?

- 나는 부모님과 어떤 면이 닮았습니까? 그것에 대해 어떤 느낌입니까?

- 나는 아버지, 어머니와 안 맞는 부분이 있다면 무엇입니까?

- 당신의 부모님은 당신에게 어떤 양육태도를 보여주셨습니까?

- 그것이 당신의 삶에 어떤 영향을 끼쳤습니까?

- 부모님이 좋아한 (힘들어한, 싫어한, 차별한) 자녀는 누구였습니까?

- 부모님은 형제들의 어떤 면을 안타까워하셨습니까?

- 나는 다른 형제들로 인해 받은 스트레스가 있습니까?

- 형제들이 가진 장점은 무엇입니까?

(1) 4명이 한 팀이 되어 우리 가족에 대한 이야기를 나누어 봅니다.

(2) 형제 서열별로(첫째는 첫째 끼리, 막내는 막내끼리, 외동은 외동끼리) 팀을 지어 형제에 대한 이야기를 나누어 봅니다.

2) 부모님이 소개하는 나

안내	• 여러분이 부모님이 되어 자신을 소개하는 시간입니다. 어머니가 나를 소개하는 것을 예로 들어 봅니다. "우리 아들은 참 대견해 00대학에 들어갔지 뭐야. 공부를 열심히 하고 성실해. 친구들한테 인기도 많고 요즈음 여자 친구를 사귀더니 표정도 더 밝아졌어. 중략......"
기대효과	• 부모님이 자신에 대해 어떻게 생각하는지를 알 수 있는 좋은 기회가 되며, 비교나 꾸중보다는 보다 긍정적으로 피드백 하는 기회를 가지게 됩니다. 부모님에 대해 본인이 가진 마음을 알 수 있습니다.
진행과정	① 부모님 각자의 입장에서 자신을 소개하는 글을 적습니다. ② 적은 내용을 친구들 앞에서 발표합니다. ③ 발표한 후 소감을 나눕니다.

❖ 부모님이 자신을 소개하는 것입니다. 소개를 할 때 장점을 말해주고 칭찬하는 내용을 중심으로 적어보세요.

3) 부모님 긍정명상

안내	• 가장 가까이 있는 부모님에게 때로는 상처를 받기도 하지만, 위로와 격려를 받아 활력 있게 살아갑니다. 아버지, 어머니의 장점 20개를 찾아서 적어보십시오.
기대효과	• 부모님의 장점을 찾음으로써 어려운 일이 있을 때 부모님이 많은 도움이 되었음을 확인할 수 있고, 평소에는 불만일 수 있는 상황들이 실제로는 큰 힘이 되었음을 깨닫게 되는 기회가 됩니다. 가족 속에서 건강하고 새로운 내 모습을 만날 수 있습니다.
진행과정	① 조용히 눈을 감고 부모님의 장점을 떠올려 봅니다. ② 부모님의 장점을 20개 정도 찾아서 적습니다. ③ 부모님의 장점을 발표하고 듣는 사람은 호응 해줍니다. ④ 소감을 나눈 뒤 긍정 명상한 칭찬 편지를 부모님께 드립니다. ⑤ 부모님이 나에게 주는 긍정 명상 20가지(칭찬 편지)를 부모님께 받아 옵니다.

❖ 부모님에게 칭찬 편지를 쓰세요.

4) 내 자녀 긍정명상

안내	• 자녀의 장점을 칭찬해 주십시오. 부모님 긍정 명상한 내용을 보시고 평소에 자녀가 어떤 장점과 특성을 가지고 있는지 칭찬 편지를 써서 보내주십시오.
기대효과	• 자녀의 많은 장점을 찾아 자녀를 긍정적으로 바라볼 수 있는 기회가 됩니다. 부모님과 자녀가 서로 긍정 명상을 함으로써 감사하는 마음을 기르고 가족의 소중함을 경험하게 될 것입니다.
진행과정	① 부모님께 긍정 명상한 칭찬 편지를 드립니다. ② 부모님이 나에게 주는 긍정 명상 20가지(칭찬 편지)를 부모님께 받아 옵니다. ③ 부모님이 주신 칭찬 편지의 내용을 그룹별로 발표하고 소감을 나눕니다. ④ 과제로 제출합니다.

❖ 부모님으로부터 받은 칭찬 편지의 느낌은?

6. 자신의 틀 깨기

변함없이 이전의 '나'가 따라다닌다면 어떻게 변할 수 있습니까?
내가 싫어하는 것, 내가 좋아하는 것, 내가 받아들일 수 없는 것들을 버리고나면
마음이 열리며 당신의 내면에 있는 놀라운 힘과 만날 수 있습니다.

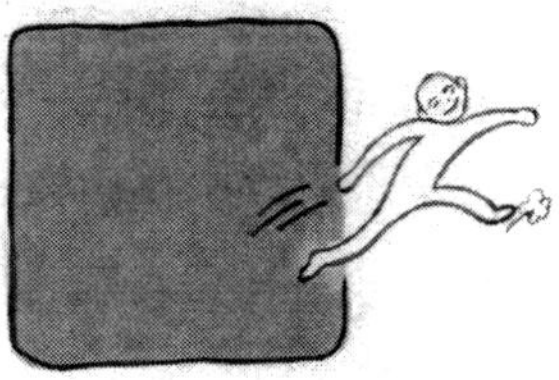

1) 희 · 로 · 애 · 락 (감정과 솔직하게 접촉하기)

우리는 희·로·애·락의 감정을 솔직하게 잘 표현하지 못합니다. 그래서 좀 더 적극적으로 연습할 필요가 있습니다. 그렇게 함으로써 현재를 충실하고 행복하게 살아갈 수 있게 됩니다.

우리는 인생이라는 무대에서 한 배우가 되는 것입니다. 그래서 진행자가 "이 세상에서 가장 즐거운 사람이 되어 큰 소리로 웃어보십시오." 라고 말하면 아주 즐거운 표정으로 소리를 내면서 웃습니다.

- 연극배우나 개그맨이 되었다고 생각해 봅시다. 행동으로 옮기지 못하는 자신의 모습에서 당신은 어떤 느낌이 들었습니까?

- 당신은 삶 속에서 기쁨이나 웃음 등 긍정적인 것을 주로 선택합니까? 반대로 화나 짜증을 주로 선택합니까?

■ 당신에게 주어진 세상이라는 무대에서 그리고 삶이라는 무대에서 웃음을 선택할지, 화를 선택할지는 당신의 몫이며, 그로 인해 행복과 불행은 달라집니다. 당신은 '세상' 이라는 무대의 주인공입니다.

2) 단점 뒤집어 보기

자신의 단점을 적습니다. 그리고 그 단점의 긍정성과 부정성을 모두 찾아 보십시오. 예를 들어 말이 많은 것이 단점이라고 생각하면 부정적인 면은 수다스럽고, 가벼워 보이고 등이며, 긍정적인 점은 쾌활해 보이고 친근해 보이는 것입니다.

● 자신의 단점을 10개 정도 찾고 부정성과 긍정성에 대해 적어보세요.

부정성	단점(특성)	긍정성
수다스럽고 가벼워 보임	말이 많은	쾌활한, 친근해 보임
타인에게 상처를 줌	공격적인	스트레스 해소

● 자신을 있는 그대로 인정하기 위해 당신에게 필요한 것은 무엇입니까?

● 무엇이 당신을 인정하지 못하도록 방해합니까?

3) 인생 곡선

눈을 감고 자신이 살아온 삶을 돌아보십시오. 태어나서 지금까지 나는 어떻게 살아왔습니까? 행복하고 즐거웠던 때는 언제이며 괴롭고 고통스러웠던 때는 언제였습니까? 여러분의 미래는 어떻습니까?

● 인생 곡선 그리기

가로줄은 나이이고 세로줄은 행복도입니다. 가장 불행한 것을 -100, 가장 행복한 것을 +100으로 두십시오. 나이별로 큰 기억을 중심으로 행복과 불행을 점으로 표시한 다음, 그 점들을 이어서 곡선을 만들어 보시기 바랍니다.

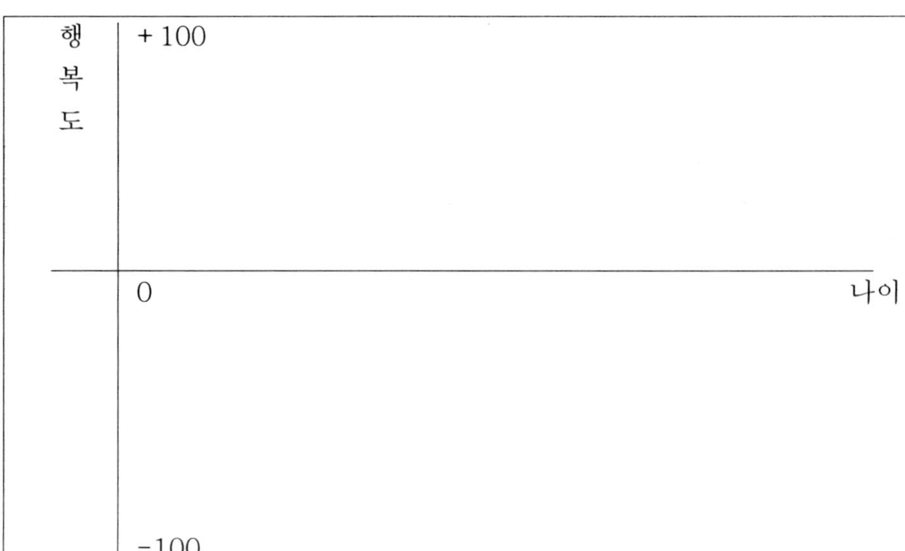

- 당신은 자신의 인생에서 어떤 부분을 지우고(바꾸고) 싶습니까?

- 지우고 싶은 그 상황에 있는 나 자신이나 타인에게 해 주고 싶은 말이 있습니까?

4) 지우개로 지우기

우리의 삶은 돌이킬 수 없는 속성을 가지고 있어서 원한다고 해도 바꿀 수는 없습니다. 그렇다면 후회나 아픔으로 남아있는 순간을 어떻게 해야 할까요? 다행스럽게도 우리에게 과거로 돌아갈 기회는 없지만 과거에 머물러 있는 마음이나 기억을 지울 수는 있습니다. 하나의 방법은 지우고 싶을 정도로 싫은 그 상황을 다시 체험함으로써 벗어나는 것입니다.

- 가만히 눈을 감고 그 상황을 떠올리고 느껴지는 감정을 그대로 따라가 보십시오.

- 생각나는 장면도 또렷하게 기억해 보시기 바랍니다.

- 힘들더라도 피하지 마시고, 그 순간의 감정을 피하지 않고 편안하게 기억할 수 있을 때 까지 떠올리십시오. 피하게 되면 아픈 과거는 여전히 내 속에 남아 있게 됩니다.

- 그 상황을 적으면서 하나씩 지워 나가시기 바랍니다.

자신의 틀을 깨는 것은 자신이 생각하는 단점이나 취약점을 버리라는 것이 아니라 그것을 정확하게 바라보고 관리하는 것입니다. 부정적인 모습을 강제로 없애거나 부인하는 것이 아니라 마음에 들지 않는 부분도 내 것으로 받아들이는 것입니다.

7. 사랑의 씨앗 키우기

1) 앵무새 대화

두 명이 짝이 되어 마주보는 상태로 시선나누기, 마음나누기를 합니다. 한쪽 사람이 지금 자신의 감정이라든지, 지금 느끼고 있는 것, 지금 걱정하고 있는 것, 또는 자신의 성격 등에 관하여 이야기 합니다.

예) A: "나는 지금 ……… 합(입니다)."

듣는 상대편의 사용한 말을 그대로 되받아서 반복하여 말한다.

B: "나는 지금 ……… 입(합)니다. 라는 말씀이시군요."

역할을 바꾸어서 되풀이 한다.

(1) 기대효과

① 자신의 이야기가 어떻게 전달되었는지 확인함으로써 자기표현의 특성을 점검해 봅니다.
② 타인의 입장이 되어 소개를 함으로써 상대방을 이해할 수 있습니다.
③ 타인의 눈에 비친 자신의 모습을 객관적으로 바라볼 수 있습니다.
④ 전체 앞에서 자신이 아닌, 타인이 되어 발표하는 기회를 통해서 자신의 시각으로 타인을 판단하고 유추하는지 알아차릴 수 있습니다.

앵무새 대화 연습

상 황	
반 복	
느 낌	

2) I message – 내 느낌 표현하기

평소 자신의 말하기 스타일이 어느 범주에 속하는지 찾아봅시다.
명령·강요·경고·위협·훈계·설교·충고·해결방법제시·논리적 설득·논쟁·비판·비평·비난·비교·찬성·반대·거부·욕설·헐뜯기·조롱·분석·진단·동정·위로·캐묻기·심문·돌려서 묻기·빈정거림.

(1) 비효과적인 메시지(너 메시지)

① 명령하기 : "그만 하세요"
② 경고하기 : "일 하는 게 좋을 거예요"
③ 논리적으로 설득하기 : "이러 저러 하니까 절만 하면 될 겁니다"
④ 해결제시, 명령하기 : "내가 시킨 대로 하세요"
⑤ 비판하기 : "철이 없군요!"
⑥ 이름붙이기, 꼬리표 달기 : "어린애 같이 이야기 하는군!" "지각대장 또 지각 했네"

⑦ 캐내기 : "왜 그런 일을 했어요?"

- 여러분은 어떤 사람에 가깝습니까?

- 여러분 주위에는 어떤 사람들이 있나요?

(2) 거칠고 사나운 말과 부드럽고 착한 말이 기분이나 느낌을 어떻게 변화시킬 수 있는지 경험해 보겠습니다.

① 먼저 악의에 찬 말, 욕설, 거친 말을 적어 보시기 바랍니다.
(주저하는 마음이 일어나더라도 적으시고 일어나는 감정을 알아차립시오.)

② 다시 부드럽고 고운 말로 적어 보십시오.
(그때 내면에서 일어나는 느낌을 알아차리십시오.)

말을 먼저 다듬어 마음을 바꾸는 경우가 있고, 내면을 먼저 다듬은 결과로 편안하고 부드러운 말이 나타나기도 합니다. 어떤 방법으로든지 자신의 말을 부드럽고 선의가 있는 쪽으로 바꾸는 노력이 필요합니다.

대화의 걸림돌

걸림돌	방 법	마음에서 원하는 것	영 향
명령 지시	어떻게 하라. 하지마라. 이렇게 해라. 저렇게 해라 등.	너는 반드시 해야 한다.	반항, 공포, 말대꾸
경고 협박	어떤 행동이나 말을 하면 무서운 결과가 일어날 것이라고 말한다.	당장 해! 그렇지 않으면 그때는 두고 봐 !	원망, 분노, 반항
가르침	자신의 의견과 생각으로 상대방에게 영향은 주고자 한다.	내 말 들어! 어른 말 들어서 손해가는 것 없어!	방어태세. 무력감
비판 비난	상대방을 부정적으로 판단하고 평가하는 것.	네가 하는 일은 항상 그래. 그것도 못하니?	대화 단절, 열등감
무조건 칭찬	상대방을 무조건 인정, 지지 한다.	너는 항상 잘하니까 믿는다.	부담감, 자만감.
욕설 비웃기	직접적으로 욕을 하거나 비웃는다.	멍청한 놈... 바보같이... 바보니?	열등감, 부정적 자아상
회 피	문제를 피하고 관심을 다른 곳으로 옮긴다.	됐어. 듣기 싫어 밥은 먹었냐?	마음을 풀 기회를 주지 않는다.

3) 행복한 마음 찾기

당신을 행복하게 하는 아름다운 말들이 당신 마음에 있습니다. 아래에 있는 52가지의 말 가운데 당신을 행복하게 하는 아름다운 말을 찾아 표시해 보시기 바랍니다. 나와 있지 않은 아름다운 말이 있으시면 더 적으셔도 좋습니다. 잘 생각해 보십시오. 당신은 생각보다 꽤 괜찮은 행복한 마음을 가진 사람입니다.

아름다운 마음의 언어

감사, 결의, 겸손, 관용, 근면, 기뻐함, 기지, 끈기, 너그러움, 동정, 명예, 목적의식, 믿음직함, 배려, 봉사, 사랑, 사려 깊음, 상냥함, 소신, 신뢰, 신용, 열정, 예의, 용기, 용서, 우의, 융통성, 이상 품기, 이해심, 인내심, 자율, 절도, 정돈, 정의로운, 정직, 존중, 중용, 진실함, 창의성, 책임, 청결, 초연, 충직, 친절, 탁월함, 평온함, 헌신, 한결 같음, 협동, 화합, 확신

● 행복한 마음이 들도록 문장을 완성하세요.

1. 내가 가장 좋아하는 것은
2. 내가 가장 행복한 때는
3. 다른 사람들은 나를
4. 우리 어머니는 나를
5. 내가 자주 하는 공상은
6. 내게 일어났던 가장 좋은 일은
7. 대부분의 아이들은
8. 내가 좀 더 나이가 많다면
9. 내가 가장 좋아하는 사람은
10. 우리 아버지는
11. 내가 가장 아끼는 것은
12. 내가 가장 가지고 싶은 것은
13. 여자들은
14. 나의 좋은 점은
15. 나는 때때로
16. 내가 꾼 꿈 중에서 제일 좋은 꿈은
17. 남자들은
18. 선생님들은
19. 우리 부모님은(엄마나 아빠, 할머니, 할아버지 등)
20. 내 소원이 이루어 질 수 있다면

8. 내가 살고 싶은 삶

마음으로 생각하는 그대로의 모습이 바로 자신이며,
나를 둘러싼 환경은 다름 아닌
자신의 모습을 비추는 거울입니다.
삶을 바꿀 수 있는 힘은 내 안에 있습니다.

1) 내가 살고 있는 삶, 내가 살고 싶은 삶

- 지금 자신이 살고 있는 모습은 어떻습니까?
- 자신이 꿈꿔왔던 모습입니까?
- 자신이 마음에 듭니까?
- 마음에 들지 않는다면 그 이유는 무엇입니까?
- 어떻게 살고 싶었습니까?
- 미래에는 어떤 일을 하면서 살아가고 싶습니까?

- 앞 장에서 그렸던 인생 곡선의 미래 부분을 그려보시기 바랍니다.
  당신의 삶은 어떻게 펼쳐질 거라고 예상하십니까?

2) 미래의 나 칭찬하기

- 미래의 자신에 대하여 칭찬하는 글을 10가지 적어 보십시오.
  - 어떤 모습이 멋지고 좋습니까?

3) 나의 인생 무대 만들기

마음속에서 생각하고 있는 모습 그대로가 바로 현재의 내 모습입니다. 자신이 생각하고 있는 그대로 삶을 살아가고 있는 것입니다. 자기 자신이 마음의 주인이며 인생의 주인입니다.

스스로를 변화시킬 줄 아는 지혜롭고 현명한 주인이 되십시오.

나의 마음 상태를 개선하기 위해서 실천해야할 것과 긍정적인 스트로크를 구사하기 위한 방법에 대해서 기술해 보십시오.

내 인생의 주인이 되기 위하여

구 분	가 정 생 활	학 교 생 활
나의 마음 상태를 개선하기 위해서 실천해야할 것을 다섯 가지만 써보시오.	1. 2. 3. 4. 5.	1. 2. 3. 4. 5.
긍정적인 스트로크를 구사하기 위한 방법을 기술해 보시오.	1. 2. 3. 4. 5.	1. 2. 3. 4. 5.

9. 타인 긍정명상

자비로운 마음은 타인의 좋은 면을 보게 되고
상처를 주지 않으며 남의 행복을 기뻐하게 됩니다.

1) 쌀 감사 명상 - 쌀이 우리에게 오기까지

앞에 쌀이 놓여있습니다. 그 쌀을 잘 살펴보십시오. 쌀은 수많은 과정을 거쳐서 우리에게 왔습니다. 그것을 모둠원이 함께 찾아보시기 바랍니다. 자연, 사람, 물건 등, 쌀에 영향을 끼친 모든 것을 찾아서 한 명이 적어 보시기 바랍니다. 모두 적고난 뒤에는 쌀을 입에 넣고 누워 보십시오. 한 톨의 쌀도 그렇게 많은 감사의 손길이 있는데, 하물며 사람, 자신에게는 어떻겠습니까? 지금까지 살아오면서 긍정적이든 부정적이든 영향을 끼친 사람들을 떠올려 보십시오.

- 당신의 삶에 영향을 끼친 사람들은 누구입니까?

- 그 사람들은 당신에게 어떤 영향을 끼쳤습니까?

2) 긍정 바퀴 그리기

중앙에 자신의 원을 그립니다. 그리고 그 원을 둘러서 주위 사람을 의미하는 원을 그립니다. 원을 그리고 난 뒤 각각의 원에 해당하는 사람을 정하고, 그 사람의 장점이나 긍정적인 면을 3가지 이상 써 넣으십시오. 상냥한, 활발한 등으로 말입니다.

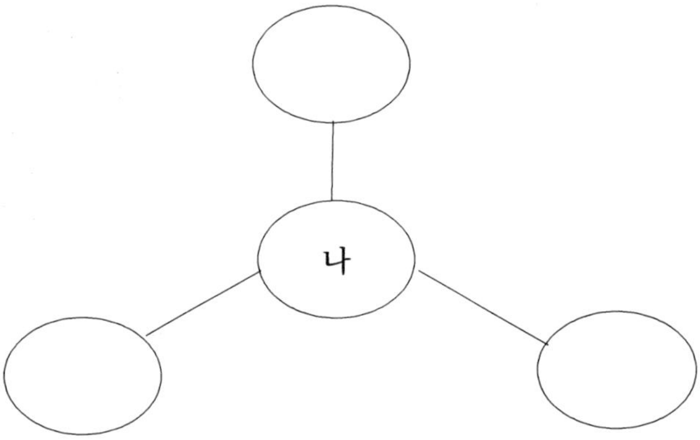

3) 상대방에 대해 장점으로 인식하기

우리는 일상생활을 하면서 상대방에 대해서 내 기분에 따라 아무렇게나 생각하고 판단하는 경우가 많습니다. 그 판단이 긍정적일 때는 별 문제가 없지만 부정적일 경우에는 살아가는 데 매우 곤란을 겪을 수도 있습니다. 따라서 상대방을 보는 눈이 부정적일 경우 상대방을 긍정적으로 인식하려고 노력해야 합니다.

예를 들면 '저 사람은 매우 소심하다.'라고 부정적으로 보아왔던 것을 '저 사람은 매우 계획적이고 세심한 사람이다.' 라고 긍정적으로 인식할 수도 있습니다. 상대방의 단점을 장점으로 인식하는 연습을 해보십시오.

타인의 단점 인식 (타인 부정적 태도)	→	긍정적으로 인식 (타인 긍정으로 인식)
1. 간사하고 아부하는 사람	→	윗사람에게 친절하고 붙임성 있는 사람
2. 강압적, 공격적인 사람	→	소신이 뚜렷하고 자기주장이 강한 사람
3. 경솔하고 수다스러운 사람	→	
4. 거만한 사람	→	
5. 게으른 사람	→	
6. 이기적인 사람	→	
7. 편파적인 사람	→	
8. 권위적, 독재적인 사람	→	
9. 신경질적인 사람	→	
10. 냉정하고 인간미가 없는 사람	→	

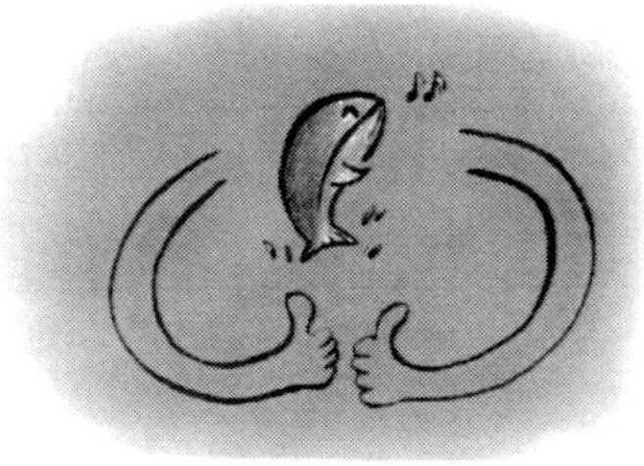

10. 화다스림 명상 – 구나, 겠지, 감사

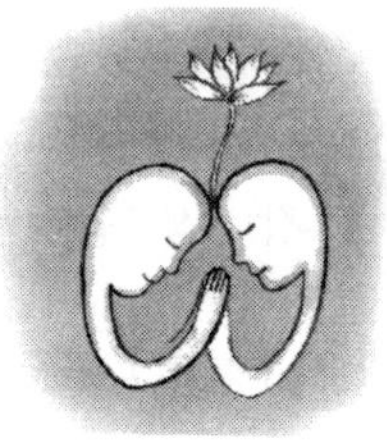

1) 구나, 겠지, 감사

① 구나 : 나를 화나거나 짜증나게 했던 상황을 있는 그대로 기술합니다.
② 겠지 : 화를 나게 했던 그 사람의 입장이 되어서 이유를 찾습니다.
③ 감사 : 더 큰 일을 저지르지 않아서 그나마 다행인 상황을 적습니다.

예)

구 나	소리를 지르면서 감정을 폭발하는 구나.
겠 지	쌓인 게 많겠지. 이해받고 싶겠지. 관심 받고 싶겠지.
감 사	자살하지 않아서 다행이다. 폭력을 휘두르지 않아서 다행이다

연습하기 1

구 나	
겠 지	
감 사	

연습하기 2

구 나	
겠 지	
감 사	

11. 집단명상

1) 괴로웠던 경험 나누기

눈을 감고 지나간 일들 중에서 괴로웠던 경험을 생각해 봅니다. 그 중에서 나를 가장 힘들게 했던 한 가지 일을 생각하고, 그 때의 상황과 그때의 감정은 어떠하였는지? 기록을 합니다. 그리고 그때의 상황을 말하고, 그에 따른 나의 감정을 표현해 봅니다.

(1) 유의점 및 기대효과

① 집단에서 자신의 문제를 노출 시킨다는 점에서 약간의 두려움과 긴장감도 있을 것입니다. 솔직하게 지금 기분은 어떠한가? 부담감이나, 두려운 감정에 대해서 느낌을 나누는 것으로부터 시작하는 것이 좋습니다.

② 듣는 사람은 결코 분석하거나 평가하려 들지 말아야 합니다. 삶의 고통과 원인을 함께 경험하는 동반자란 인식을 공유합니다. 그렇게 해야 자신을 억압하거나, 방어하지 않은 채 자신의 아픔을 개방할 수가 있습니다.

③ 서로 자신의 아픔을 개방하면서, 많은 사람들이 유사한 고통을 경험하며 살아가고 있음을 공유합니다. 이런 시간을 통해서 고통의 의미와 고통도 어쩔 수 없는 삶의 일부로 인정하고 수용할 수 있는 힘을 기릅니다.

괴로웠던 경험 나누기

나를 괴롭게 했던 상황	
그때 일어났던 몸의 현상	
그때 일어났던 마음	

2) 괴로웠던 원인 나누기

나를 괴롭게 했던 상황에서 핵심적인 요소가 무엇이라고 생각합니까? **감정** · **신념** · **바램**의 세 요소 가운데서 나를 힘들게 했던 주요소는 무엇이라고 생각합니까? 또 다른 요소는 어떤 작용을 했는지 눈을 감고 명상해 보고, 명상에서 떠오른 생각을 적습니다.

❧ 항상 문제 속에서 살아가는 우리들이지만 여기서 문제를 발견한다는 것은 문제의 현실적인 대안을 발견하는 과정이기보다는 나를 괴롭게 하는 중심적인 역할이 무엇인지를 발견하는 과정입니다.

괴로웠던 원인 분석하기

① 느낌과 감정

그 상황에서 경험한 감정에 이름을 붙인다면?

② 개인적 혹은 사회적 신념이나 사고

나는 그 상황을 어떻게 사고하고 해석하고 있는가?

③ 의지와 바램

그런 상황에서 본인의 바램은 무엇이었으며, 어떻게 행동했는가?

3) 수용과 통찰

괴로웠던 경험을 수용하기 위해서는 그것의 발생에 대한 표현과 통찰이 중요합니다. 이것을 위해서는 괴롭게 했던 주요소는 어디에 속하는지를 분명하게 인식할 필요가 있습니다.

눈을 감고 각자가 발표했던 상황과 경험을 상기하고 그때의 감정을 느껴봅니다. 그때의 감정을 색깔로 표현한다면 어떤 색깔인지, 어떤 모양인지를 표현해봅니다. 충분하게 감정과 하나가 되어봅니다. 그리고 그때의 감정과 지금의 느낌이 어떤 변화가 있는지 살펴봅니다.

괴로웠던 경험 표현하기

✿ '그때의 감정'에 해당하는 색을 골라서 '그때의 감정'은 어떤 모양인지 그려 보세요.

✿ 표현을 한 후 그 때의 감정과 지금의 느낌에 어떤 변화가 있습니까?

그때의 상황을 떠올리면서, 상황을 이해하고 해석하는 나 자신의 사고방식을 다시 반성·검토해 보고 다음 질문에 답하여 봅니다.

① 그것이 발생하는 순간에 어떤 생각을 했습니까?
② 그것은 정당했다고 생각합니까?
③ 그 근거는 무엇입니까?

4) 실천 계획 수립

집단명상 활동에서 이루어진 원인 통찰과 자신에 대한 발견들을 일상으로 돌아가서 어떻게 실천할 것인지 구체적인 행동방식을 세워봅니다. 그런 행동을 하게 되면 어떤 문제가 발생하게 되는지를 생각해보고, 어떠한 행동이 어떠한 행동으로 바뀌기를 바라는지 적어 봅니다.

행동변화는 일상생활 속에서 실천되어야 하므로 고치고 싶은 행동이나 바람직한 행동을 일상의 생활 속에서 어떻게 실천한 것인지 계획을 세워서 발표합니다.

행동 바꾸기 실천 계획

✿ 내가 고치고 싶은 행동은 무엇입니까?

✿ 나의 새로운 행동방식과 그 행동의 이유는?

✿ 집단명상 하기 전의 마음과 지금의 마음은?

12. 일상에서의 명상

1) 일일 호흡명상

먼저 규칙적인 명상 수행에 알맞은 장소를 고릅니다. 가급적 방해받지 않으면서 쉽게 수행할 수 있는 곳이라면 어디든 상관없습니다. 침실 구석이든 집안의 다른 조용한 장소든 다 좋습니다. 거기에 좌복이나 의자를 갖다 놓고 자신만의 소중한 공간으로 만듭니다.

그런 다음 자신의 성격과 하루 일정에 맞는 고정된 수행 시간을 고릅니다. 10분이나 20분정도의 명상으로 시작하다가 점차 수행 시간과 횟수를 늘려가며 일일 명상이 목욕이나 양치질 같은 하루 일과가 되게 하십시오.

(1) 의자나 좌복 위에서 편안하게 자세를 잡고 앉습니다. 빳빳하지 않으면서도 꼿꼿한 자세로 몸이 대지에 뿌리박은 듯이 앉습니다. 손은 가볍게 내려놓고, 마음은 누그러뜨리고, 눈은 지그시 감습니다.

(2) 먼저 자신의 몸을 느끼면서 의식적으로 모든 긴장을 풀어놓으십시오. 일체의 습관적 생각이나 상념들을 놓아버리십시오.

(3) 주의를 기울여 호흡의 감각을 느껴봅니다. 몇 번 숨을 깊숙이 들이마시며 그 호흡이 어디서 가장 또렷이 느껴지는지 알아보십시오. 콧속이나 목구멍의 차가움이나 얼얼함인가? 가슴의 움직임인가? 배의 오르내림인가? 그리고는 호흡을 자연스럽게 유지하십시오. 자연스런 호흡의 감각을 아주 세심히 느껴보십시오. 편안하게 각각의 호흡을 느끼면서,

호흡 변화에 따라 호흡의 부드러운 감각이 어떻게 오고가는지 바라보십시오.

(4) 아마 몇 차례 호흡 뒤에는 당신의 정신이 산란해질 것입니다. 그것을 알아차리고는 산만했던 시간이 길건 짧건 간에 그냥 다음 호흡으로 돌아옵니다. 돌아오기 전에 당신은 정신의 뒤편에서 자신이 갔던 곳을 알아차리면서 이런 가벼운 말로 확인할 수 있습니다.
'생각', '방황', '듣기', '갈망' .... 이렇게 자신의 주의가 향했던 곳을 살며시 불러본 뒤, 곧바로 가만히 돌아와 다음 호흡을 느껴봅니다. 나중에 명상이 깊어지면 자기 마음이 방황했던 장소를 파고 들 수 있겠지만, 처음 수련에서는 한 마디의 확인 뒤 그냥 호흡으로 돌아오는 것이 최선입니다.

(6) 호흡 리듬이 자연스럽게 변하도록 두십시오. 짧든, 길든, 빠르든, 느리든, 거칠든, 편안하든 그대로 두십시오. 호흡이 부드러워지면, 당신의 주의를 호흡 자체처럼 부드러우면서 온화하고 세심하게 유지합니다.

강아지 길들이기처럼 수천 번이라도 자신을 가만히 데려옵니다. 몇 주 몇 달에 걸쳐 명상을 하다보면 점차 호흡을 이용해 평온과 집중에 이르는 법을 터득하게 될 것입니다. 이 과정에는 수많은 주기가 있어서 폭풍과 청명한 햇살이 번갈아 나타날 것입니다. 그냥 그것과 함께 머무르십시오. 그런 식으로 깊숙이 귀 기울이고 있으면 호흡이 온 몸과 마음을 연결시키고 가라앉히는 것을 느낄 것입니다.

호흡 명상은 다른 명상법들의 훌륭한 밑바탕이 됩니다. 평온함과 수행 기술이 향상되고 호흡법이 익숙해진 뒤에는 명상 범위를 확장하여 몸과 정신의 모든 차원들을 치유와 알아차림에 포함시킬 수 있습니다. 호흡의 알아차림이 모든 행위에서 얼마나 중요한 토대가 되는지 보게 될 것입니다.

2) 걷기 명상

걷기 명상은 평온, 일체감, 그리고 알아차림을 발전시킬 간단하고도 보편적인 수행법입니다. 행선(行禪)이라고도 하는 걷기 명상은 좌선의 전이나 후, 혹은 바쁜 일과 후나, 나른한 일요일 아침 등 어느 때나 규칙적으로 수련할 수 있습니다. 걷기 명상은 걸으면서 알아차림 하는 수행으로서 자연스런 걷기 동작을 통해 마음 챙김과 깨어 있는 능력을 키워가는 수련법입니다.

(1) 편안하게 왔다 갔다 할 수 있는 조용한 장소를 고릅니다. 실내든 집밖이든 열 보에서 삼십 보쯤 걸을 수 있는 공간이면 됩니다.

(2) 발로 대지를 견고히 디딘 채 이 '보행로'의 한쪽 끝에 서서, 잠시 눈을 감고 자신을 가다듬으면서 대지 위에 곧추선 자기 몸을 느껴봅니다. 발바닥에서 전해지는 압력과 선 자세에서 오는 다른 자연스런 감각들을 느낍니다.

(3) 그런 뒤 눈을 뜨고 자신을 깨어 있고 모아진 상태로 유지하여 천천히 걷기 시작합니다.
평온하고 위엄 있게 걸으면서 몸에 주의를 기울입니다.

(4) 한 발 한 발 옮길 때마다 자신의 발과 다리를 대지에서 들어 올리는 감각을 느껴봅니다. 발을 대지에 내려놓는 느낌도 알아차립니다. 긴장을 풀고 편안히 자연스럽게 걸으면서 각각의 발걸음을 마음챙김으로 느낍니다.

(5) 보행로의 끝에 이르렀을 때 잠시 멈추고 자신을 가다듬습니다. 조심스레 뒤로 돌아 다시 잠시 멈춥니다. 그리고 돌아오는 첫 걸음을 알아차립니다. 걷기 속도를 달리하면서 자신을 가장 몰입시키는 걸음걸이를 골라 걷

도록 합니다.

(6) 10분이나 20분 혹은 그 이상 왔다 갔다 계속 걷습니다. 정좌하고 호흡 명상을 할 때처럼 마음이 자꾸 달아날 것입니다. 그것을 알아챌 때마다 마음이 가 있는 곳을 가만히 불러 봅니다. 방황, 생각, 듣기, 상념 … . 그런 뒤 돌아와 다시 느낍니다. 강아지 길들이기처럼 수천 번 되돌아와야 할 것입니다. 1초간 떠났든 10분간 떠났든 그저 갔던 곳을 확인하고는 다음 걸음을 옮기면서 바로 지금 이곳으로 되돌아옵니다.

웬만큼 걷기명상을 행하다 보면 그 수행을 통해 자신을 가라앉히고 가다듬는 법과 더 깨어 있는 몸으로 사는 법을 터득하게 됩니다. 그러면 걷기명상을 아무 때나 수련할 수 있게 됩니다. 쇼핑하러 갈 때, 거리를 걸을 때, 차 타러 들어가고 나올 때, 걸을 때는 언제나 평범한 생각이나 상념 대신에 걷기 자체를 즐길 수 있습니다.

이 간단한 수행법을 통해 당신은 진정으로 몰입하기 시작하고, 인생을 살아가며 당신의 몸, 마음, 정신을 한데 모을 수 있습니다.

– 잭 콘필드 『마음의 숲을 거닐다』에서 발췌 –

❧ 자비관 명상, 위빠사나 명상, 간화선은 부록을 참고하시기 바랍니다.

13. 자비명상 템플스테이

1) 참가 목적

자비명상은 절에서 머무르면서 이루어지는 활동입니다. 그러기 위해서는 일상의 생활을 잠시 접어두어야 합니다. 그래서 이 프로그램에 참가했다는 것만으로도 당신은 용기와 시간을 투자하신 것입니다. 그만큼 더 값지게 자신에게 도움이 되는 방향으로 사찰에 머물러야 합니다. 여기서 값지다고 말하는 것은 꼭 의미 있고, 성실한 모습만을 뜻하는 것은 아닙니다. 일을 놓을 수 없었던 사람이 여기서 게으름을 부리며 쉰다는 것은 그 사람에게 값진 것이지요.

- 당신은 어떤 이유로 자비명상에 참가하게 되셨습니까?
  - 무엇이 당신의 발걸음을 이 프로그램으로 향하게 하였습니까?

- 당신은 무엇을 얻고 싶습니까?
  - 당신이 원하는 변화가 일어나면 당신은 어떻게 변할 거 같습니까?

- 당신이 원하는 것이 분명하지 않다면 그것을 찾아보시기 바랍니다. 혹여 억지로 오셨다면 왜 억지로 왔는지 살펴보시기 바랍니다.

2) 어떻게 보낼 것인가?

사찰에 머무는 동안 가장 중요한 것은 타인이 아니라 자신에게 깨어있는 것입니다. 자신의 몸, 느낌, 생각, 욕구에 마음을 집중하시기 바랍니다. 본 자비명상에서는 자신에 대한 자비로움을 가로막는 부정적인 마음과 경험을 풀어내는 자비 명상 프로그램과 감정과 느낌을 자각하고 표현하는 상담 수련이 사찰 의식과 함께 진행됩니다.

자비 명상을 하는 동안에는 자신을 자비와 사랑으로 가득 채우는 데 최선을 다하시기 바랍니다. 상담 수련을 할 때는 자신의 느낌과 감정에 충실하게 프로그램에 참가하시면 됩니다. 다른 사람이 마음에 안 들면 솔직하게 표현하고, 좋으면 좋은 대로 마음이 내키지 않는 것은 그렇다고 솔직하게 표현하시면 됩니다. 다른 사람에게 충고하거나 간섭하지 마십시오. 모든 사람들은 자신의 몫을 해 낸답니다.

그리고 예불, 108배, 명상을 하는 사찰의식 시간에도 열심히 참여하시기 바랍니다. 종교가 다르다. 방법이 마음에 안 든다. 잠이 온다. 등의 핑계로 지금 현재를 떠나려는 마음을 내지 마십시오. 중요한 것은 의식이 아니라 그 속에 참여하는 당신의 마음과 몸입니다. 어떤 생각이 일어났다 사라지는지 알아차리시기 바랍니다.

3) 전체일정

(1) 첫째 날

첫째 날에는 익숙한 것에서 벗어나 새로운 것을 처음 만나는 날입니다. 낯설음, 어색함, 막막함 등의 감정을 바라보시고, 새로운 모습에 도전해 보십시오. 많은 규칙들이 안내될 때는 '내가 할 수 있을까' 하는 의심이 일어날 수 있습니다. 특히 새벽에 일어나야 한다는 부담과 108배는 두려워하는 마음마저 일어나게 할지도 모릅니다. 아무리 힘들어도 당신이니까 할 수 있습니다. 스스로를 믿으시기 바랍니다.

처음 만나는 사람에게 자신의 이야기를 하는 상담 수련도 쉽지만은 않을 겁니다. 친한 사람에게도 하기 힘들었던 이야기들인데...하는 마음으로 주저함이 일어나는 건 당연한 일입니다. 그 속에서 자신의 마음을 잘 살펴보십시오. 내가 얼마나 내 이야기를 하고 싶어 하고, 내 이야기를 들어줬으면 하고 바라는지 말입니다.

당신이 망설임에서 벗어나 용기를 가지시기를...

(2) 둘째 날

침묵할 때 침묵하고 말할 때 말하는 것이 자연스럽게 일어났으면 좋겠습니다. 가장 부담스러운 새벽 예불이 있습니다. 지난밤에 낯선 환경에 잠을 설쳤다면 더욱 더 힘든 아침이겠지요. 그래도 몸을 깨워보시기 바랍니다. 처음에는 안 하겠다고 버티지만 조금 있으면 새벽 공기의 신선함을 몸이 더 좋아하게 됩니다.

예불문은 사찰에 준비되어 있습니다. 절을 하면서 암송하는 것을 따라 해 보십시오. 틀리면 어떻습니까? 처음 하는 의식인데 틀리는 게 당연한 거지요. 예불을 하고 나서 108배가 시작됩니다. 시간으로 치면 20여분 밖에 걸리지 않는데 처음 하게 되면 1시간은 족히 한 듯한 느낌이 들 겁니다. 할 수 있습니다.

새벽 걷기 명상과 좌선에도 깨어있도록 해 보시고, 처음으로 시작되는 자기 긍정 명상과 가족 명상에도 즐겁게 참여하시기 바랍니다. 서서히 감정이 드러나고, 침묵의 시간이 생기면서 내부에서 많은 일들이 일어날 수 있습니다. 두려워하거나 피하지 말고 그대로 자신을 바라보십시오. 항상 밖으로만 치닫던 마음이 안으로 들어오면서 자연스럽게 나타날 수 있는 현상입니다.

그리고 상담 수련 시에는 많은 이야기가 올라올 겁니다. 주저하지 마시고 해 보십시오. 당신을 변화시킬 수 있는 것은 당신 자신뿐입니다. 침묵과 대화에서 자신에게 깨어있는 것을 잊지 마시기를...

(3) 셋째 날 : 사랑스러운 나! 세상 속으로 나가다.

새벽 예불이나 108배, 명상은 익숙해져서 조금 편안해 지는 날입니다. 스님과 차도 마시면서 사는 이야기를 나누시고, 타인을 존경하는 절 명상을 할 때는 온 마음을 다해 그 사람이 행복하기를 기원하십시오. 그리고 다른 사람이 당신에게 절로 존중과 자비를 보낼 때는 온전히 받아들이십시오. 그것이 힘드시면 불편한 그 마음에 의식을 집중하시기 바랍니다.

자비명상을 끝내고 집으로 돌아가는 날이지요. 잘 지냈습니다. 함께 했던 사람들과 스님, 후원에서 지원해 주신 분들께 감사의 인사를 하고, 세상 속으로 나가시기 바랍니다. 사찰에서처럼 마음이 편안한 삶이 계속 되시기를....

4) 프로그램에 참가하기

(1) 사찰의식 프로그램

사회와는 다르게 진행되는 사찰에서의 일정 속에서 침묵과 고요함, 인내를 배우시고, 그 속에서 내게 일어나는 생각, 불편함, 느낌을 알아차리시기 바랍니다. 자신에게 깨어있는 생활이 스님들의 삶입니다.

① 예불과 타종체험

예불 때 치는 사물은 각각의 의미를 가지고 있습니다. 법고는 짐승을 깨우치기 위하여, 구름처럼 생긴 운판은 하늘을 날아다니는 중생을 제도하기 위여 두드립니다. 나무로 만든 물고기 모양의 목어는 물속에 있는 모든 생명을 깨우기 위하여, 그리고 범종은 천상과 지옥에 있는 중생을 구하기 위한 것으로 아침에는 28번, 저녁에는 33번을 칩니다.

스님들이 치는 범종을 치는 시간에는 천상과 지옥에 있는 중생이 편안해 지기를 바라는 자비의 마음으로 힘차게 치시기 바랍니다.

② 108배

108배를 할 때 부처님을 존경하는 마음으로 절을 하거나, 자신 안에 있는 불성의 씨앗에 절을 하거나 자신의 행복이나 소원이 성취되기를 바라는 마음을 내는 등의 절을 하는 목적은 여러분의 선택입니다. 중요한건 절의 목적이 아니라 절을 하는 당신입니다.

예불이 끝난 뒤 죽비 소리에 맞춰 절을 하는데 이때에는 절을 하는 동작뿐만 아니라 '이걸 왜 해? 우상 숭배 아냐? 왜 이렇게 시간이 안가?' 등 마음에서 일어나는 많은 생각들과 느낌을 알아차려야 합니다. 절과 명상이 끝난 뒤에 나누는 시간이 있습니다. 잘 알아차리십시오. 당신이 108배를 할 때 108배만 하는지 과거와 미래로, 생각과 느낌으로 왔다 갔다 하면서 시간을 보내는지 잘 보십시오.

③ 걷기 명상 , 앉아서 하는 명상, 누워서 하는 명상

명상은 밖으로 향하는 산만한 마음을 안으로 들어와 고요하게 쉬는 역할을 합니다. 발을 전혀 알아차리지 않고 아무데나 걷던 습관을 버리고 발의 움직임에 집중하면서 걸어보십시오. 그 과정에서 자신의 마음이 발이 아닌 어떤 곳으로 끊임없이 가고 있는 것을 보게 될 겁니다.

편안한 자세로 앉아서 스님이 안내하는 대로 명상에 참가하시면 됩니다. 자신에게 일어나는 여러 현상들을 따라가거나 매달리지 말고 가만히 보십시오. 내가 평소에 몸뿐만 아니라 마음을 얼마나 바쁘게 움직이는지 알게 되는 행운을 누릴지도 모르겠습니다.

잠자기 전에 하는 가만히 누워서 몸의 변화를 알아차리시기 바랍니다. 배의 일어남과 사라짐을 관찰하는 것이 가장 좋은 방법입니다. 조금 알아차리다 보면 몸과 마음이 이완되어 저절로 잠에 빠져들게 됩니다. 잠들기 직전까지 알아차림을 잡아 보시기를...

④ 울력

수련생들이 함께 사찰을 청소하는 것입니다. 청소를 할 때 내게 일어나는

마음이 어떤 것인지 살펴보십시오. 하기 싫어하는 마음이 일어나는지, 힘들고 귀찮은지, 즐겁고 상쾌한 일인지. 평소 자신의 모습이 드러나는 시간이 될 수도 있습니다.

⑤ 발우공양과 떼발우

발우 공양은 익숙하지 않을 때는 불편하고 긴장되는 식사법이지만 몇 끼만 먹고 나면 편리하고 경제적이라는 것을 알게 될 겁니다.

발우 공양을 할 때에는 음식을 집어서 입에 넣고 삼키는 동작 하나 하나와 더 먹고 싶어 하는 마음, 맛없으면 밀쳐내는 마음 등을 알아차려야 합니다. 그리고 씹을 때는 씹기만 하고, 집을 때는 집는 동작만 하면서 알아차리는 것이 중요합니다. 우리들 대부분은 음식을 씹으면서 다른 반찬을 집고 숟가락을 움직이는 등 여러 동작을 함께 합니다. 그러면 알아차리기가 힘들어집니다.

떼발우 공양이라는 말은 큰 그릇에 함께 밥을 비벼 먹는 방법입니다. 밥을 비벼 함께 먹는 기쁨을 만끽하길 바랍니다.

⑥ 스님과 차 마시기

스님들은 우리와 별세계의 사람 같지만, 화내고 웃고 마음 다치는 똑같은 사람들입니다. 함께 차를 마시면서 인간적인 스님들의 모습을 편안하게 만나보시기 바랍니다.

(2) 상담 수련 프로그램

간단한 자기소개에서부터 가족이야기까지 자신의 삶과 관련된 이야기를 하는 시간입니다. 처음에는 낯선 사람들과 이야기하는 것이 어색하고 힘들지만, 조금씩 마음이 열리면 편안하게 이야기를 할 수 있습니다. 자신의 이야기 그 중에서도 마음이 아픈 내용이나 드러내고 어려운 부분은 말하기가 어려울 것입니다. 개방 정도는 자신이 감당할 수 있을 만큼만 하시기 바랍니다. 그렇지만 마음에 있는 것을 많이 드러낸 사람일수록 떠날 때는 마음이 가벼워 진답니다.

그리고 다른 사람의 이야기도 귀를 기울여 보시기 바랍니다. 우리는 익숙한 대로 자신의 이야기만 할 가능성이 높습니다. 다른 사람에게 관심을 가지는 것은 나를 사랑하는 또 다른 길입니다. 자신의 마음을 표현할 때는 생각보다는 느낌을 중심으로 표현합니다.

① 자기소개 하기- 별칭 짓기

제일 처음 접하는 이 프로그램은 처음 만나는 사람과 인사를 하고 마음을 여는 역할을 합니다. 소개를 할 때는 별칭을 지어서 해도 되고, 본명을 사용해도 좋습니다. 그러나 사회에서 익숙한 역할, 즉 엄마로서, 부모로서, 교사로서, 학생으로서가 아닌 자신의 모습으로 소개를 해 보기 바랍니다.

자기소개를 하면서 조금씩 마음이 열리는 기분을 느껴보시고, 2박 3일간 자신을 찾는 여행을 함께 갈 사람들은 어떤 이름을 지었는지 관심을 가져 보십시오.

② 친분 쌓기 활동

어색함을 풀고 다른 사람에게 관심을 가지면서 동시에 자신의 모습을 바라볼 수 있는 활동들로 이루어집니다. 평소에 사람을 사귀는 것이 쉽지 않았던 분들은 다음에 소개하는 활동에 적극적으로 참여해 보십시오. 어색함과 친근함 등 기분의 변화를 놓치지 마시기를...

* 하나 : 눈으로 말해요.

아무런 말을 하지 않고 상대방의 눈을 바라보는 것은 처음엔 많이 힘든 일입니다. 웃음도 나오고 어떻게 해야 할지 몰라 당황스럽기도 하고, 그렇지만 어색하고 난감한 기분을 알아차리고 두세 명과 눈을 바라보다 보면 자연스러워집니다. 나중에는 눈을 마주치지 않은 사람에 대한 아쉬움마저 생깁니다.

상대방의 눈을 바라보면서 말없이 이야기를 해도 좋고, 가만히 그 사람의 눈을 바라보면 어떤 장면이 떠오르거나 눈빛에서 전해지는 느낌이 있습니다.

그것을 말하는 시간에 표현하면 됩니다. 당신에게서 일어나는 눈빛의 모습도 보는 사람마다 다를 수 있고, 때로는 같은 느낌을 받는 사람이 있다는 것에 놀랄 수도 있을 겁니다.

우리가 상대방의 눈을 쳐다보지 못하는 이유는 자신의 내면에 있습니다. 그것을 찾아보십시오. 어떤 때 다른 사람의 눈을 마주보며 이야기를 하는 것이 힘든지를.

* 둘 : 나는 너 너는 나

내가 타인이 되어 소개를 하는 프로그램입니다. 내가 햇살이고 옆 친구가 이슬비라고 합시다. 서로 이름표를 바꿔 달고 자신을 소개하는 것입니다. 나는 이슬비입니다. 이렇게 시작하여 이슬비를 소개하는 겁니다.

나와 상대방이 헷갈리기도 하고, 소개할 때 뒤섞여서 나오기도 하지만, 상대방이 있는 그대로 소개가 되는 경우가 많습니다. 자신이 본 그 사람이 되어 소개를 하는 것이니까 당연히 낯설겠지요.

내가 다른 사람이 되어 소개할 때와 상대방이 나를 소개할 때 어떤 어려움이나 차이점이 있는지 느껴보십시오.

* 셋 : 상상의 나라

마음을 편안하게 하고 진행자가 안내하는 말에 따라 마음을 움직이십시오. 처음에는 생각이 자꾸 떠올라 상상을 방해할 수도 있습니다. 몸과 마음을 편안하게 가지시고 흐르는 대로 따라가시기 바랍니다. 여전히 상상이 일어나지 않는다면 생각이 많다거나 평소 생활에서도 긴장을 하고 살았을 확률이 높습니다.

혹, 구체적으로 상상이 안 되고 되었다 안됐다 하더라도 편안하게 받아들이고, 순간 뭐가 스쳤다가 다시 생각으로 빠질 때도 그것을 알아차리시고 나중에 나누기를 할 때 이야기하면 됩니다.

상상이 끝나고 이야기를 할 때나 들을 때는 내용에 관심을 가지고, 왜 그런 상상이 됐는가에 대해서 분석하거나 궁금해 하지 마시고 그래도 받아들이시기 바랍니다. 그것이 나의 모습을 일부 드러내는 것일 수도 있지만 바로 답을 찾아지지는 않을 것입니다. 2박 3일 동안 찾아질 수도 있고, 평생 화두로 갖고 살아야 하는 경우도 있으니까요.

③ 이것이 나입니다.

자신이 살아온 삶과 현재 자신의 모습에 관한 이야기를 나누는 시간입니다. 어떤 내용이나 주제를 선택하든 30분간은 당신의 마음대로 사용할 수 있습니다. 당신의 이야기에 토를 달거나 충고를 하지 않고 가만히 들어주는 사람도 있습니다. 구체적으로 무슨 이야기를 할까 망설임이 일어날 겁니다. 아무 내용이나 시작해 보십시오. 하기 전에 세우는 계획과 예상은 많은 경우에 빗나갈 확률이 높지요. 바로 당신의 삶과 이야기를 나누어 보십시오.

상대방의 이야기를 들을 때에는 하고 싶은 이야기가 많은 겁니다. 그렇게 살지 말지... 이렇게 했으면... 안쓰러운 마음도 올라오고... 그래도 나중에 하시고 30분간만 참으시고 상대방의 삶과 함께 가시기 바랍니다. 그 사람도 당신만큼이나 현명하고 소중한 삶을 살아온 사람입니다. 그 사람에게 필요한 것은 충고나 제안이 아니라 그대로 수용하고 들어 줄 누군가입니다. 당신이 그 든든한 버팀목이 되어 주십시오.

④ 우리 가족 이야기- 가족 밥상 그리기

드라마에서 그려지는 화목하고 다정한 가족들의 모습은 일상생활에서는 찾아보기 힘들 정도로 가족은 우리에게 많은 아픔과 고통을 줍니다. 든든한 후원과 지지로 살아가는 힘을 받기도 하지만 가족은 갈등의 장소이기도 합니다.

가족을 밥상에 올려 놓아보십시오. 누가 밥인지 국인지, 어떤 반찬이었는지 그리십시오. 생각나는 대로 그리시면 됩니다. 중요한 것은 그림 솜씨가 아닙니다. 그림을 자신의 마음을 표현하는 자연스러운 도구가 아니라, 잘 그린 그림, 못 그린 것 등으로 평가받아온 우리로서는 그림을 그리라는 말에 주저하게 됩니다. 그 마음을 잘 보시고 그림을 그려보십시오.

그림을 그리고 난 뒤에 가족 이야기를 하는 시간입니다. 자신의 입장에서 바라본, 부모님이나 형제, 가족분위기에 대해서 편안하고 솔직하게 이야기를 하면 됩니다. 하시고 싶지 않은 이야기가 있으면 안하시면 되고, 눈물이 나시면 눈물을 수용하십시오. 다른 가족들의 이야기도 들어보시기 바랍니다. 나와 비슷한 때론 나보다 행복하거나 불행한 가족사를 가진 사람들도 있을 겁니다. 자심의 느낌을 온전히 받아들이십시오.

⑤ 구름이 흩어지고 모이듯이

죽음은 그 자체로도 두렵지만, 일상의 모든 관계를 떠난다는 점에서 힘든 부분입니다. 또한 우리가 알게 모르게 가지고 있는 생에 대한 욕망도 죽음을 거부하게 하는 한 요인입니다. 그럼에도 불구하고, 죽음을 편안하게 받아들이는 사람을 보면 존경스러움이 생깁니다. 그러면서 '과연 나는 저렇게 갈 수 있을까?' 라는 말을 되 뇌입니다.

언제 죽을지는 잘 모르지만 아직은 준비할 시간이 남아있습니다. 이전의 삶을 바꾸고 싶다면 지금부터 잘 살면 되고, 잘 살아왔으면 계속 유지하시면 됩니다. 그렇게 평생을 아름답게 살아왔는데 가야할 시간이 얼마 남지 않았다고 합니다. 내게 주어진 시간은 유서를 쓸 수 있는 시간이라고 합니다. 가만히 생각해 보십시오. 누구에게 어떤 말을 남기고 싶으신지..

그리고 죽음을 맞이하고 다음 생에 태어납니다. 다음 생에 태어나시면 꼭 하고 싶은 것이 무엇입니까? 세 가지만 선택해 주십시오. 반드시 이루기를 바라는 것을 생각해서 찾아보시기 바랍니다.

(3) 자비 명상 프로그램

침묵으로 혼자 하는 자비명상을 온전히 하기 위해 하는 사전 프로그램입니다. 자비관이 자신 - 존경하는 사람 - 가족 - 타인으로 옮겨가는 순서에 맞게 자기를 시작으로 가족, 타인으로 옮겨갑니다. 자비 명상 프로그램을 하는 그 순간은 아주 고귀한 존재라고 느끼시기 바랍니다. 그 사실을 받아들이지 않으려는 열등감이나 자기 비난이 올라와도 무시하고 존재자체를 인정하시기 바랍니다.

① 나 긍정명상

나를 긍정하는 시간입니다. 자신을 평소에 얼마만큼 위로하고 지지해주는지 살펴보시기 바랍니다. 많은 사람들은 자신에게 화를 내거나 자책하거나 속상해 합니다. 그러면 열등감과 무가치함을 느낍니다. 이것이 습관으로 굳어지면 점점 더 자신은 볼품없고 형편없는 사람으로 되어 갑니다. 반대로 자신의 단점도 수용하고, 마음에 들지 않는 행동이나 말을 할 때도 위로를 해 주면 점점 더 괜찮은 사람이 됩니다.

당신이 가진 장점을 찾아보십시오. 모르면 컨닝이라도 해서 발견하도록 하십시오. 처음에는 어렵지만 마음 깊은 곳에서 인정받고 싶어하는 목소리가 들릴 겁니다. 당신 스스로를 자비로 감싸 안으시기를..

② 가족 긍정 명상

가족들한테 받은 상처 못지않게 우리는 많은 베품과 보살핌을 받고 살아갑니다. 그러나 고마운 마음을 표현할 기회는 거의 없고, 익숙하지 않아서 쑥스럽기도 합니다. 가족 모두의 긍정적인 특성을 찾아보십시오. 좋은 점과 잘하는 거, 가족들을 위해 하시는 일 등에 대해서 생각해 보면 아주 많은 장점이 떠오를 겁니다.

③ 마무리하는 명상

수련회가 끝나면 집으로, 학교로, 세상으로 나가게 됩니다. 그곳은 사찰과는 또 다른 환경과 사람들이 기다리고 있습니다. 사찰에서처럼 편안하고 익숙하게 살아가면 별 어려움은 없겠지만 아직은 환경에 많이 흔들리는 것이 사실입니다.

마무리를 할 때는 자신이 가진 깊은 자비를 타인에게 보내고, 다른 사람들이 내게 보내는 사랑의 마음을 온전히 받아들이는 명상을 합니다. 마음을 주거나 받는 것이 낯설더라도 그것을 알아차리시고 마음을 그대로 주고받아 보십시오. 마음에서 어떤 느낌이 일어나는지 놓치지 마시기 바랍니다.

* 하나 : 타인을 존중하는 절 명상

함께 한 사람들에게 3배를 올리는 시간입니다. 자신의 마음에 자비와 사랑을 가득 채워서 절을 받는 사람이 진정으로 행복하고 편안하기를 바라는 마음으로 절을 해 보시기 바랍니다. 혹여 안타까운 마음이 일어나도 자비를 보내십시오. 당신의 정성을 상대방이 받아서 넉넉하고 자비로운 사람이 될 것입니다.

* 둘 : 함께 하는 명상 - 함께 하는 자비관

함께 한 사람들에게 마음을 모아서 자비의 문구를 암송하고, 마음을 보내는 시간입니다. 눈을 감고 손을 잡았을 때 전해지는 따뜻한 흐름을 느끼시고, 한 분 한 분에게 마음을 다해 평화와 행복을 기원하는 자비의 마음을 보내십시오.

* 셋 : 칭찬 샤워

함께 했던 사람의 모습을 생각하면서 장점을 칭찬하는 말을 해 주시기 바랍니다. 자신과 비교하거나 상대적으로 잘하고 낫다는 표현보다는 그 사람의 특징을 찾아서 표현해 주십시오. 길게 설명하기보다는 간단하게 칭찬하는 것이 더 효과적입니다.

칭찬을 받을 때는 어색함과 부끄러움을 그대로 느끼시되 자신의 생각과는 다른 내용이라고 거부하거나 뿌리치지 마십시오. 그것은 그 사람이 당신의 좋은 점이라고 느낀 겁니다. 그리고 나서 내가 왜 그것을 거부하는지 내면을 살펴보시기 바랍니다. 자신을 부정하는 마음이 남아 있다면 당신에게 자비를 보냅니다.

5) 상담수련과 자비명상 프로그램에서 개인의 자각을 높이려면...

자연스럽게 지금 현재의 느낌, 마음, 생각이 알아차려지지 않으면, 지금 내 느낌이 어떤 건지? 지금 무슨 생각을 하고 있는지? 하고 싶은 것은 무엇인지... 스스로 물어보십시오. 그리고 말을 할 때는 우리, 그것이라는 표현보다는 내가, 나는 이라고 주어를 분명히 하시는 습관을 들이시기 바랍니다. 아울러 마음뿐만 아니라 몸이 어떤 행동을 하고 움직임을 하는지 관심을 가지시는 것이 좋습니다.

6) 일상으로 돌아가서

현실 생활에서 더 잘 살기 위해서 사찰 수련회를 참가하신 분이 많으실 겁니다. 2박 3일간의 경험으로 내가 완전히 바뀌어서 즐겁고 편안한 마음으로 항상 생활할 수 있다면 바랄 게 없겠지만, 사는 게 그렇게 만만했다면 수행과 깨달음을 위해 출가를 하지는 않겠지요.

우선은 템플스테이에서 경험했던 고요함이 유지될 수 있도록 자신에게서 일어나는 변화들을 알아차리시도록 해 보십시오. 이전보다는 조금은 나아진 모습일 것입니다. 그리고 자신을 긍정하고 칭찬한 그 힘을 계속 이어가시길 바랍니다. 나에게 어떤 일이 일어나고, 내가 타인이 이해할 수 없는 옹졸한 짓을 하더라도 본인만은 위로하고 이해해 주시기 바랍니다. 자신에 대한 사랑과 이해, 자비는 삶에서 가장 든든한 버팀목이 되어야 합니다.

그리고 타인을 존중하면서 절을 하던 그 마음으로 다른 사람을 만나시기 바랍니다. 이해할 수 없고, 도저히 받아들이기 힘든 말을 할지라도 '저 사람이 저렇게 하는 데는 분명 어떤 이유나 아픔이 있겠지! 그래도 저만해서 다행이다.'라는 마음을 내어 보시기 바랍니다.

그렇지만 그것이 많이 힘든 일입니다. 그래서 자주 마음을 가라앉히려는 노력을 하고, 상담을 받고 명상 수행을 해야 합니다. 자비의 마음은 쉽게 만들어지다가도 한 순간 마음의 변덕이 일어납니다. 꾸준히 자신에게 타인에게 자비가 생기도록 수행하는 길이 최선이라는 생각이 듭니다.

명상 수행으로 편안하고 행복하시기를...

14. 마무리 – 내 인생의 주인은 바로 '나'

종강 수업을 하는 지금 이 순간 일어나는 여러분의 기분이나 마음, 느낌을 자각할 수 있다면 한 학기 동안 많은 성장을 하셨습니다. 그리고 주위에 있는 누군가로 인해 화가 났을 때, 구나! 겠지! 감사! 하는 사례가 늘어나면서 화가 다소 줄어들었다면 역시 열심히 하셨습니다. 나아가, 세상의 주인은 나다. 내 삶은 내가 생각하는 대로, 마음먹은 대로 이루어진다. 팔자는 만들기 나름이다. 등의 말에 동의하는 마음이 일어난다면 여러분은 수업에 적극적으로 참여하신 것입니다.

그리고 마음을 다스리고 관리하는 것이 삶에서 그 무엇보다도 중요하다는 것을 깨달아, 명상을 경험하겠다는 마음을 냈다면 더 바랄 것이 없습니다.

한 학기 동안 이 강의를 통해서 과연 무엇을 배웠고 성장하였는지 살펴보아야 할 시간입니다.

1) 한 학기 동안 나는?

(1) 가장 보람 있었던 일은?

(2) 속상하거나 화났을 때는?

(3) 나는 어떤 일이나 사람으로 인해 기뻤나?

(4) 나는 어떤 일이나 사람 때문에 힘들었나?

(5) 이 강의를 들으면서 나는 어떤 성장을 하였나?

(6) 한 학기 동안 나를 칭찬한다면.

마음 다스리는 글

복은 검소함에서 생기고
덕은 겸양에서 생기며
지혜는 고요히 생각하는데서 생기느니라.

근심은 애욕에서 생기고
재앙은 물욕에서 생기며
허물은 경망에서 생기고
죄는 참지 못하는데서 생기느니라.

눈을 조심하여 남의 그릇됨을 보지 말고
맑고 아름다운 것을 볼 것이며
입을 조심하여 실없는 말을 하지 말고
착하고 바른 말, 부드럽고 고운 말을 언제나 할 것이며
몸을 조심하여 나쁜 친구를 사귀지 말고
어질고 착한 이를 가까이 하라.

어른을 공경하고, 덕 있는 이를 받들며
지혜로운 이를 따르고, 모르는 이를 너그럽게 용서하라.

오는 것을 거절 말고,
가는 것을 잡지 말며
내 몸 대우 없음에 바라지 말고
일이 지나갔음에 원망하지 말라.

남을 해하면 마침내 그것이 자기에게 돌아오고
세력에 의지하면 도리어 재화가 따르느니라.

— ≪잡보장경≫에서

100문 100답

1. 이름

2. 생년월일

3. 혈액형

4. 취미(관심사), 특기

5. 내 별명은?

6. 나의 외모, 건강은?

7. 내가 보는 나의 성격은?

8. 다른 사람이 보는 나는?

9. 가장 기억에 남는 책은?

10. 가장 인상 깊게 본 영화는?

11. 요즈음 자주 즐겨 듣는 음악은?

12. 노래방 애창곡을 3개만 나열해본다면?

13. 기억에 남는 추억과 장소는?

14. 꼭 한번 가보고 싶은 나라가 있다면?

15. 즐겨 입는 옷, 즐겨하는 헤어스타일은?

16. 내가 좋아하는 음식, 싫어하는 음식은?

17. 자신이 가장 잘 하는 요리는?

18. 내 주량과 흡연은?

19. 어떤 중독이든 빠져본 적이 있는가?

20. 가지고 있는 습관이나 버릇은?

21. 자신의 징크스는?

22. 첫사랑은 언제, 누구랑?

23. 내가 겪은 첫 시련의 아픔은?

24. 나의 이상형은?

25. 존경하는 사람은?

26. 나의 좌우명은?

27. 어렸을 때, 나는 어떤 아이였지?

28. 어렸을 때의 꿈과 현재의 꿈은?

29. 아버지와 나는?

30. 어머니와 나는?

31. 형제들과 나는?

32. 나의 장점은?

33. 나의 단점은?

34. 나를 가장 흐뭇하게 했던 칭찬은?

35. 내가 가장 듣기 싫었던 말은?

36. 지금까지 살아오면서 가장 슬펐던 일은?

37. 지금까지 살아오면서 가장 기뻤던 일은?

38. 제일 크게 싸웠던 기억은?

39. 내 평생 최대의 거짓말은?

40. 나에게 가장 문제가 되는 것은?

41. 나의 주된 욕망들은 무엇일까?

42. 나는 주로 어떤 상황일 때 화를 내는가?

43. 화났을 때 하는 행동은?

44. 사람을 처음 만날 때 가장 중점적으로 보는 것은?

45. 다른 사람을 만날 때 자신이 가장 신경 쓰며 주의하는 것은?

46. 지금 가장 보고 싶은 사람과 그 사람에 대한 설명?

47. 지금 보고 싶지 않은 사람과 그 사람에 대한 설명?

48. 나는 누구에 대해, 그리고 주로 무엇에 대해 불평하는가?

49. 사람들이 나를 비난하거나 피할 때가 있었는가?

50. 누군가와 물에 빠졌는데 구명대가 하나 밖에 없다. 그 구명대를 아낌없이 주고 싶은 사람은?

51. 나에게 그 구명대를 줄 사람은 누구일까?

52. 현실에서 도피하고 싶을 때는?

53. 어떤 때 해야 할 일을 미루는가?

54. 무엇에 대하여 두려움과 불안을 느끼는가?

55. 다른 사람들이 나의 어떤 면을 보는 것이 두려운가?

56. 하려고 마음먹었는데 잘 안 되는 일은?

57. 죽고 싶을 때가 있다면?

58. 언제 혼자만의 시간을 갖고 싶은가?

59. 혼자 있을 때 주로 무엇을 하는가?

60. 지금 나를 가장 힘들게 하는 것은?

61. 내 현재 삶의 만족도는 몇 점?

62. 내 현재의 삶이 불만족스럽다면, 무엇 때문에?

63. 나만의 스트레스 해소 방법은?

64. 텅 빈 운동장에서 외치고 싶은 말?

65. 가장 마음을 설레게 하는 것은?

66. 요즈음 가슴 설레는 일이 있다면?

67. 내가 가장 행복할 때는?

68. 내가 가장 소중히 여기는 것은?

69. 내가 가장 소중하다고 느껴질 때는?

70. 살아있는 느낌과 충만함을 가장 많이 느꼈던 순간은?

71. 나의 인생에 멘토는?

72. 나는 얼마만한 가치가 있는 사람일까? (만약 돈으로 환산한다면)

73. 지금 내가 가장 바라는 일은?

74. 자신에게 주고 싶은 상은?

75. 내가 누군가에게 듣고 싶은 말이 있다면?

76. 이성 친구에게 받고 싶은 선물이 있다면?

77. 현재 내가 선택한 진로(전공)에 만족하는가?

78. 대학교에 들어와서 자신에게 있었던 가장 큰 변화는?

79. 학교 시험이 끝난 당일, 나는 무엇을 하는가?

80. 10년 후에 꼭 이루고 싶은 목표는?

81. 내가 원하는 직업은?

82. 내가 정말 원하는 삶은?

83. 내가 생각하는 나의 노후는?

84. 몇 살까지 살고 싶은가?

85. 3일 후에 죽는다면, 가장 하고 싶은 일은?

86. 자신의 묘비에 남기고 싶은 말은?

87. 거울 보면서 하는 생각은?

88. 성형 수술의 정도는 어디까지가 적당하다고 보며, 한 군데를 고칠 수 있다면?

89. 나만 알고 있는 나의 웃기는 모습이나 행동은?

90. 무인도에 혼자 남겨진다면 가지고 갈 3가지는?

91. 현실세계에선 불가능한 자신만의 꿈이 있다면?

92. 요정이 나타나 3가지 소원을 들어준다고 한다면 그 소원 3가지는?

93. 타임머신이 있다면 가보고 싶은 년도와 그 이유는?

94. 하루 동안 투명인간이 된다면?

95. 인간관계에서 가장 중요한 것은?

96. 삶이란?

97. 사랑이란?

98. '내 마음 바로보기' 수업에서 얻고자 하는 것은?

99. '100문 100답'을 풀면서 자신을 모두 오픈하였는가?

100. 지금 자신에게 해주고 싶은 말은?

자비관

1) 자비

자비는 우리들의 삶을 유익하고 도량이 넓은 당당한 나무처럼 자라도록 해주고, 부드럽고 열린 마음이 유지되게 하며, 일체를 포용하는 정신적 사랑을 하게 되어 사회 전체에 강력한 영향력을 미치게 할 수 있다.

2) 자비의 심리학

사람이 사람을 사랑하려면 우리는 사람을 억압하지 않아야 하며
사람에게 공격적이지 않아야 하며 사람을 학대하지 않아야 하며
어떤 생명도 해치지 않아야 하며 사람을 괴롭히지 않아야 하며
"사람들이 화목하고 서로 적대하지 않기를!"하고 바라는 마음을 투사해 보낸다.
"모든 사람이 행복하며 불행하지 않기를!"하고 바라는 마음을 투사해 보낸다.
"모든 사람이 평안을 누리고 번민하지 않기를!"하고 바라는 마음을 투사해 보낸다.

자비는 긍정적 덕목과 감정을 적극 실행하여 대칭되는 부정적 성품들로부터 벗어나는 것이다. 우리가 공격적이고 남을 학대하여 파괴적으로 괴롭히는 부정적 성향에서 벗어나려면 그 반대되는 공격적이지 않고 학대하지 않고 파괴적이고 괴롭히지 않는 자세로 행동, 말, 생각을 통해 실현하는 길 뿐이다. 이와 같은 긍정적인 삶의 방식을 세운 다음, 그 사랑을 바탕으로 "자비관"을 닦아 마음을 더욱 더 계발해야 한다. 그럴 경우 자비관이 강력하게

일으켜내는 사랑과 자비의 마음 또한 무한으로 자라날 것이다.

부정적인 성향을 일일이 그와 상반되는 긍정적인 도리로 대체시켜 나갈 수 있다는 것은 삶에 접근하는 자세가 매우 발전·성숙했음을 의미한다. 남을 억압하지 않고 공격하지 않고 파괴하지 않고 괴롭히지 않은 채로 있을 수 있는 능력은 그것만으로도 중요한 의미가 있다.

자비는 자신의 마음에 있는 노여움, 원한, 공격성 같은 마음뿐만 아니라 타인의 부정적인 마음까지도 정화시킨다. 자비는 타인을 수용하고 사랑하는 마음으로 다가가기 때문에 적대적이던 사람들마저 친구로 돌아서게 할 수 있다. 이렇게 될 때 사람들에게서 좋은 면을 보게 되고 상처를 주지 않으며 타인의 행복을 기뻐하게 된다.

자비와 반대되는 성향에서 '억압'은 남을 압박하거나 손실을 입히려 드는 욕망이며, '공격적'이란 남을 다치거나 상처를 주려는 성향이고, '학대'는 고통을 주려는 가학적 성향과 동의어로 남을 아프고 비참하게 만드는 것이다. 그리고 '파괴'는 끝장내거나 해치워버리려는 부정적인 마음이며, '괴롭힘'은 부담을 지우거나 난처하게 만들거나 근심과 긴장을 안겨주는 것을 말한다. 이들 성향은 반감과 악의에 뿌리박고 있어서 행동양식으로서나 심리상태 혹은 정신적인 자세 등에서 자비와는 대조를 이룬다.

그리고 우리가 자비를 닦을 때 특히 경계해야 할 감정들이 있다. 하나는 탐욕, 색욕, 관능탐닉 등 자비와 유사하기 때문에 자비를 망칠 수 있는 것들과, 악의와 분노, 증오 등 자비심과는 닮지 않은 감정들이어서 쉽사리 분간되지만 자비를 방해하는 역할을 하는 것들이 있다.

위에서 말한 8가지 보편적 사랑의 마음을 속에 품는 것이므로 자비는 마음의 문제로, 삶의 모든 면을 포함한다. 따라서 일상을 벗어날 필요가 없으며 거리에서 집에서 직장에서 등 어느 곳에서나 긍정적 마음의 파장을 보내면 된다. 만나는 모든 사람을 향해 차별 없이 열린 마음을 보내게 될 때 내면에 온전한 자비가 자리 잡게 된다.

3) 자비관의 이익

① 자비관은 다른 사람들과 좋은 관계를 맺을 때 효과가 있으며 삶과 일을 편안하고 행복하게 한다.
② 덜 평화로운 마음을 제거하여 보다 고요하고 평온한 상태로 만드는 자비관은 복잡하지 않게 안전하게 할 수 있다.
③ 편안하고 행복하게 잠잔다. 행복하게 깨어난다. 나쁜 꿈을 꾸지 않는다.
④ 사람들로부터 사랑받는다. 사람 아닌 존재로부터 사랑받는다.
⑤ 불이나 독약 무기 등의 폭력적인 위험을 겪지 않는다.
⑥ 마음이 쉽게 고요해진다.
⑦ 얼굴색이 맑아지고 깨끗해진다.
⑧ 혼돈 없이 죽음을 맞는다.

4) 자비관 수행방법

자비를 성공적으로 보내기 위해서는 집착이 없어야 한다. 매우 가깝지는 않으나 거리는 있어야 하며, 부드럽지만 강하지 않게 집착에 반하는 순수함을 유지하기 위해 마음 챙김을 해야 한다. 집착을 멈출 수 없으면 처음으로 돌아가라.

어떤 곳이든지 혼자서 조용히 눈을 감고 있을 수 있는 장소에서 편안한 자세로 앉는다. 눈을 감고 "자비"를 몇 번 발음하면서 마음에 그 뜻을 떠올린다.

- 증오. 원한, 악의. 성냄, 자만과 반대이며 남들의 행복과 안녕을 증진시키는 선의, 이해, 친절 등과 같은 깊은 감정인 사랑을....

그런 다음 행복감으로 가득찬 자기 자신의 환한 얼굴을 눈앞에 그려보라. 거울을 볼 때마다 행복한 기분을 지어보고 명상할 동안에도 줄곧 그런 기분에 잠겨 보라. 행복감에 잠긴 사람은 화를 내거나 부정적인 생각과 느낌을 품을 수가 없다. 행복한 기분에 잠긴 자기 모습을 눈앞에 그린 다음

"내가 미움에서 벗어나서 행복하게 살아지이다...."
"내가 화냄에서 벗어나서 행복하게 살아지이다...."
"내가 욕심에서 벗어나서 행복하게 살아지이다...."
"내가 고통에서 벗어나서 행복하게 살아지이다....."

하는 생각으로 자신의 마음을 자신에게 가득 보내라. 처음부터 너무 많은 조항을 하지 말고 4개 정도로 시작하라. 긍정적인 사람의 힘으로 스스로를 가득 채우면 마침내 물이 가득 찬 그릇과 같이 될 것이며 그 내용물을 다른 이에게 나누어 줄 수 있게 된다.

모든 사랑 중에서 자신에 대한 사랑이 밑바탕이다. 자신을 사랑하지 않는 사람은 그 어떠한 것도 할 수 없다. 자신에 대한 미움이 강하면 강할수록 다른 이들을 사랑할 수 없고, 다른 사람들의 행동과 말도 자신의 잣대로 흐리게 본다. 다른 사람들의 행동을 있는 그대로 비추는 거울이 되려면 먼저 자신의 마음을 맑게 할 필요가 있다.

마음에 다른 사람(존재)에 대한 강한 자비를 가지기 위해서는 먼저 우리 자신이 확고하게 구축되어야 한다. 우리는 힘 있고 강력한 자비를 필요로 한다. 처음에는 훈련이 필요하다.

그 다음에는 명상을 지도해 주는 스승의 모습을 눈앞에 떠올린다. 살아계실 경우다. 행복한 기분의 스승을 그려보며 위에서와 똑같은 마음을 투사한다.

"스승이 미움에서 벗어나서 행복하게 살아지이다...."
"스승이 화냄에서 벗어나서 행복하게 살아지이다...."
"스승이 욕심에서 벗어나서 행복하게 살아지이다...."
"스승이 고통에서 벗어나서 행복하게 살아지이다....."

이 때 눈앞에 떠올린 모습은 선명해야 하며 마음의 방사는 진심에서 우러나는 것이어야 한다. 만일 영상화를 서두르거나 기원을 형식적 또는 기계적으로 하고 있으면 아무 소용이 없다.

그 다음은 자신의 가족부터 시작하여 한 사람씩 눈앞에 그려나가면서 자비의 빛을 가득히 비추어 그들을 감싼다. 자비는 자기 집안에서부터 시작된다.

자기 가족에게 자비를 펼칠 때는 배우자와 같이 너무 정이 깊은 사람은 제일 뒤로 돌리는 게 좋다. 부부간의 친밀함에는 자비를 흐리게 하는 속된 애정이란 요소가 개입될 여지가 있기 때문이다. 참된 정신적 사랑은 누구에 대해서나 똑같아야 한다.

다음은 특별히 좋아하지도 싫어하지도 않는 사람들 차례인데 이웃들, 동료들 등등이다.

그런 사람들에게 가능한 일일이 사랑의 마음을 방사한 후에 싫은 사람들에게 마음을 보낸다. 나쁜, 악의가 있는 사람에게 자비를 보내는 것은 그가 더 이상 다른 사람에게는 그런 짓을 하지 말라는 것이다. 이게 안 되면 자신이나 사랑스러운 사람에게 돌아가라. 이런 사람에게 자비를 줄 수 있다는 것은 자비가 진보되었음을 의미한다. 그리고 그 사람은 비록 그렇게 생각하지 않을지라도 당신에게 적이 없음을 의미한다. 그런 점에서 당신은 좀 더 행복해질 것이다. 마음은 모든 상태의 선구자이다. 만약 자비가 강력하면 적을 친구로 바꿀 수 있다.

"나는 그에게 아무런 적의가 없다. 그도 나에게 적대감이 없기를.. 그가 행복해지기를...." 하고 마음속으로 반복해야 한다.

이처럼 여러 대상들을 눈앞에 떠올려 가는 동안 좋고 싫고 애착하고 증오하는 데 기인한 장벽들을 무너뜨리게 된다.

전면적 기원을 남들에게 발하여 그들이 적의와 고통 그리고 번민에서 벗어나 행복하게 살기를 기원하고 있을 때 우리 자신만 진정한 행복으로 가득찬 경지에 그치지 않고 남들에게도 실제로 강력한 마음의 진동이 가서 그들의 행복에 기여하고 적대감을 냉각시키고 고통과 번민을 덜어주게 된다.

5) 자비관을 할 때

① 솔직하고 정직해야 하며 온유해야 한다. 그리고 친절해야 한다. 자만은 다른 사람의 좋은 점이나 필요를 잘 이해하지 못하게 한다. 무상에 대한 주시는 자만심 줄이는 것을 돕고, 자비를 일으키는 바탕이 된다. 나쁜 것 속에서도 좋은 점이 있고 최상 속에서도 많은 실수가 있다고 배울 때 우리는 다른 사람을 보다 좋게 볼 수 있고, 자비를 보낼 수 있다.

② 업무를 줄여 여유를 가지고, 소유를 줄여야 하며 감사한 마음을 가져야 한다.

③ 고요한 능력이 있어야 하며 신중해야 한다.
지혜 없는 자비는 위험할 수 있으므로, 다른 사람을 돕는 최상의 방법에 대해 여러 번 생각하고 반추해야 한다.

④ 자비를 발달시키기 위해서 우리의 생각, 말, 몸을 정화해야 한다. 적절한 행동, 공손함, 예의, 도덕은 일상생활에서 일어날 수 있는 많은 고통과 오해를 피하게 해 준다.

⑤ 친숙한 사람들에 대해 특별한 호의를 가시지 말며 비위를 맞추지 마라. 집착과 탐욕은 자비의 반대이다. 부러움이나 즐거운 집착에 빠지지 마라.

⑥ 함께 기뻐하기는 주어져 있는 것이 아니라 개발되어져야 한다. 우리보다 잘된 사람들에게 좋은 감정태도를 가지게 된다. 어떤 존재나 대상을 차별하지 않고 수용하여 자비로운 마음을 내는 평등심을 유지해야 한다.

⑦ 미움은 미움에 의해 극복될 수 없고 사랑에 의해 극복될 수 있다. 수행은 그들을 위한 마음이 일어날 때마다 언제나 강한 긍정적 감정을 일으키게 하고 우리에게 마음과 관계의 유연함을 준다. 진실로 사람은 변화할 수 있고 매우 빠르게 바뀔 수 있다. 수행을 통해서 우리는 어떤 상황에서나 사람이나 존재를 향해 부드럽고 호의적인 태도를 가질 수 있다.

6) 자비관과 위빠사나 수행

지혜에 도달하기 위해서는 생과 사를 넘어선 실재로써의 사물을 보아 모든 고통으로부터 벗어날 수 있는 위빠사나 수행을 해야 한다. 자비관 수행은 위빠사나를 돕는 역할을 한다. 자비가 개발되면 마음은 쉽게 집중할 수 있어서 마음이 고요해지며 이것은 몸과 마음 과정에 대한 주의 깊은 관찰에 몰입할 수 있게 한다. 그리고 위빠사나 수행에서 많은 고통을 보는데 따른 스트레스와 피곤함을 극복하는데 도움을 준다.

위빠사나 명상

우리는 걱정, 공포, 억압, 시기, 질투, 흥분, 화, 증오 등등의 많은 마음의 불유쾌한 상황 때문에 괴로워한다. 조용히 평화롭게 살기를 원하지만 그렇게 되지 않는다. 우리는 지옥과 극락을 동시에 왔다 갔다 할 수 있는 감정에 지배되어 살고 있다. 이런 까닭에 오랜 옛날부터 인류는 괴로움을 완화하고 행복을 누리기 위하여 모든 노력을 기울여 오고 있다.

하지만 행복은 자신의 마음을 어떻게 하느냐에 달려있다. 그러나 단지 소수의 사람만이 정신적인 발전에 관심을 기울이고 있으며 더 나아가 진지하게 마음을 닦는 자는 드물다.

명상이란 마음을 어떠한 대상에 묶어 하나의 흐름이 형성되게 하는 것으로서 그 종류가 상당히 많으며 각 종교마다 특성적으로 가르치는 방법들이 다 있다.

명상으로 심성을 개발하여 인간은 보다 더 밝고 맑으며 지혜로워져서 스스로 자신의 성품을 깨닫고 자신의 행동에 책임을 지는 성숙된 삶과 차원 높은 정신적 안정을 얻게 된다.

인간 행동은 고정된 습관에 의해서 기계적으로 진행되는 것이 아니라 마음에 의해서 조작된다는 사실을 깨닫게 해주므로 행동에 대한 통제력이 키워진다. 또한 마음을 육체의 행동에 밀착시켜 집중적으로 관찰함으로써 마음이 몸과 함께 하게 되고 육체적 행위를 마음이 완전히 알아차리게 된다.

세상에는 고정된 것이 없다. 우리는 어떤 것 하나도 잡을 수 없다. 다만 이것들은 상황에 의해서 일어났다 사라질 뿐이다. 영구불변이란 없다. 일어난 모든 것은 사라진다. 몸과 마음에서 빠르게 일어나는 이 진실을 알게 되면 우리는 좀 더 나은 인생과 변화를 갖게 될 것이다.

이러한 변화로 실제 생활에서 현명하고 편견 없는 태도를 배양하게 되며

해야 할 일들을 책임감 있게 그 전보다 더 잘 할 것이다. 사랑하는 사람을 더 소중히 하고 더 잘 보살피며 모든 존재하는 것들에 친절과 연민을 갖게 될 것이다.

그리고 더 이상 상황에 애착을 갖거나 자신이 원하는 대로 유지되기를 기대하지 않으며 무상의 이해로 사랑하는 사람이 가버렸을 때도 초연하게 받아들일 수 있게 된다. 또 좋은 상황이 지나가 버렸거나 미운 사람이 생겼을 때도 태연하게 받아들이게 될 것이다.

이것이 존재의 실상임을 이해하며, 현상들에 대해서 화를 내거나 가슴 아파하거나 우울해 하거나 슬퍼하지 않고 침착하게 받아들일 정도로 충분히 성숙될 것이다.

1) 위빠사나란(VIPASSANA)

'위빠사나' 라는 마음집중 수행법은 근본적으로 몸과 마음 즉 내부와 외부에서의 영향으로 일어나고 있는 지금 현재의 현상을 면밀히 관찰하고 인식하여 그것들의 움직임, 기능, 작용, 자연적 성질 등을 파악하고 깨닫는 수행법이다. 이러한 관찰은 자신의 심적 내부현상과 자연적 외부 현상 등 이 영원성 없이 순간의 현상으로서 진행되는 것이며 조건과 상황, 인연, 원인결과의 법칙에 따라 일어나고 사라지는 것임을 체험으로 깨닫게 해 준다.

위(VI)의 뜻은 모든 존재물은 영원하지 않고 무너지고 허물어지며 사라지고 깨지고 부서지는 혹은 죽음에 이르게 된다는 것과 이로 인해 정신적, 육체적, 물질적 고통이 원초적으로 내재되어 있다는 것과 어떠한 물체나 생명체에도 그 자체의 주체가 없다는 것, 즉 我라는 개체가 존재하지 않는다는 것을 의미한다.

빠사나(PASSANA)는 알아차림, 꿰뚫어봄, 자세히 살펴봄, 사물의 실상에 대한 지혜라는 뜻을 가지고 있다. 한마디로 줄이면 〈자신의 몸과 마음에 일어나고 사라지는 현상관찰을 통하여 실상을 깨닫는 지혜의 수행법〉, 〈현상관찰 수행법〉이다.

몸과 마음의 특성을 마음 집중 수행을 통하여 깨달음으로써 지나친 탐욕심, 욕망, 갈애와 분노, 진심, 악심, 질투, 어리석음, 망상, 의심 등의 번뇌를 다스릴 수 있게 된다. 이러한 모든 번뇌들을 완전히 다스려 제거했을 때 우리는 번뇌로부터 자유로워지며 해탈을 이루어 모든 괴로움을 소멸시킬 수 있다. 우리의 마음에 어떠한 번뇌라도 남아있는 한 갖가지 괴로움, 슬픔, 비탄, 정신적, 심리적 갈등과 사랑과 미움의 혼란을 경험하게 된다. 이 같은 괴로움은 곧 번뇌가 원인이기 때문에 번뇌는 반드시 다스려야 하고 제거해야 하며 번뇌의 소멸이 곧 고통의 소멸이 되는 것이다.

우리는 위빠사나의 규칙적인 수행을 통하여 점차적으로 마음을 지배, 통제할 수 있다. 이것은 우리 몸과 마음의 본성과 존재의 본질에 대한 점진적인 이해를 통해서 얻어지게 되는 것이다. 이러한 이해는 모든 고통으로부터 자유로워질 수 있는 지혜와 함께 얻어진다.

아울러 우리는 수행을 통해서 얻어지는 기쁨, 조용함, 평온, 지혜 등의 열매를 즐길 수 있다. 또 생활에서 직면하는 변화들, 예를 들어 득과 실, 성공과 실패, 행복과 불행, 칭찬과 비난 등에도 훨씬 더 균형 있게 대처할 것이다.

우리의 생활을 평화와 기쁨으로 바꿔놓는 냉정하게 정리되어진 한 가운데, 중도에 머물 수 있을 것이다.

2) 관찰 대상

① 몸의 동작 : 일어섬, 앉음, 걸음, 누움, 호흡운동 등과 같은 움직임을 관찰함.

② 느낌 : 통증, 가려움, 뜨거움, 차가움, 더움 등과 같은 감각을 관찰함

③ 감정 : 기쁨, 슬픔, 좋음, 싫음, 화남 등과 같은 감정 상태를 관찰함.

④ 외부현상: 6가지 감각기관을 통해 외부로부터 들어오는 모든 현상을 관찰함.

실제로는 '지금 현재 몸과 마음에서 일어나는 현상 가운데 가장 두드러진 것'이 관찰대상이 된다. 마음은 가만히 내버려 두면 저절로 가장 두드러진

현상 쪽으로 향한다. 그러므로 일부러 관찰대상을 찾지 않아도 관찰 대상은 저절로 드러난다.

그 관찰 대상을 개인적 관념이나 사상을 부여하지 않은 채 진행되고 있는 상황 그대로, 즉 있는 모습 그대로 관찰해야 되는 것이다.

3) 수행의 다섯 가지 요소

① 믿음 : 자신은 이 수행을 통하여 성공적으로 될 수 있다는 믿음. 이 수행으로 모든 편견과 독선에서 벗어나 보다 더 너그럽고 이해심이 많은 사람으로 자신과 함께 하는 모든 이들과 화합하고 협조하며 밝은 생활을 할 수 있다는 자기 확신

② 건강 : 수행기간 중 정신적 육체적 건강을 지니는 것.

③ 솔직 담백 : 자신의 수행을 진지하고 정직하며 겸허하게 이끌어 나가고 가르침에 대해 허심탄회하게 받아들이는 것. 자신의 모습을 솔직히 인정하는 것.

④ 정진 노력 : 굳건한 신념으로 꾸준하고 착실하게 그리고 흔들림 없이 강하고 확고하게 노력하는 것.

⑤ 지혜완성 : 바른 정진을 통해 모든 현상은 일어남이 있으면 사라짐이 있다는 진리를 체험으로 깨닫고 어느 한 가지도 영원한 것이 없음을 실제로 이해함. 책을 통한 간접적 지식이 아니라 현상적 진리의 체험을 의미하는 지혜.

4) 수행의 효과

① 청정

스스로 청정함을 보고 느끼게 됩니다. 몸과 마음의 현상 관찰 수행을 통하여 일어나고 사라지는 현상을 바르게 이해하고 이에 마음을 집중시키면 마음은 자연히 모든 번뇌에서 멀어지고 오직 관찰하는 순수한 마음, 고요한 마음, 깨끗한 마음의 상태에 이르게 된다. 탐욕심, 성냄, 무지, 사견, 자만심,

의심, 혼침, 불안, 뻔뻔스런 태도와 마음가짐 극복.

② 슬픔과 근심걱정

수행인의 마음을 다스리게 함으로서 슬픔이나 근심 걱정이 일어나지 않으며 항상 고요해진다.

③ 정신적 육체적 고통의 소멸

마음 집중 수행을 통해서 정신적, 육체적 고통이 일어났을 대 그 고통의 존재를 즉시 알아차리고 "통증, 통증, 통증"이라고 관찰하면 고통은 순간에 사라지게 된다.

5) 수행의 실제

(1) 좌 선 (坐 禪)

① 앉는 방법

간편하고 느슨한 옷차림을 하고, 좌선하는 동안 방해를 받지 않을 가급적 조용한 곳에 자리를 잡는다. 그리고 다리를 포개고 앉는다.

결가부좌가 가장 안정된 자세이긴 하지만 어려우면 반가부좌나 그 밖의 편한 자세로 앉아도 된다. 요즘 우리나라도 입식문화가 보편화되어 다리를 겹치고 바닥에 앉는 자세를 어려워하는 사람들이 있다. 이런 사람들은 의자에 앉아 수행을 할 수도 있다. 하지만 어렵더라도 의자를 사용하지 않고 앉는 버릇을 들이는 것이 좋다. 이 경우에 일어나는 다리의 통증도 위빠사나에서 좋은 공부의 주제이다. 이렇게 해서 전체 앉은 자세가 삼각형 모양으로 안정되게 한다. 다음, 허리에 힘을 약간 주어 등과 머리를 곧게 세운다. 이때 너무 힘을 주어 뻣뻣해도 안 되고 힘을 너무 빼서 느슨해도 안 된다. 어깨를 한 번 올렸다가 내려뜨려 어깨에 힘을 빼고 편하게 한다. 오른쪽 손바닥 위에 왼손을 올려놓아 엄지손가락 끝이 서로 닿게 해서 다리 위에 올려놓는다. 그 다음 눈을 가볍게 감으면 준비는 끝난다.

* 결가부좌 : 양쪽 발을 반대쪽 다리의 허벅지 위에 완전히 올려놓는다.
* 반결가부좌 : 한족 발만을 반대쪽 다리 위나 허벅지 위에 올려놓는다.
* 다른 방법 : 양발을 모두 반대쪽 다리 위에 올려놓지 않고 바닥에 닿게 놓는다.
* 손의 모양 : 손바닥이 위로 향하게 손을 포개고 엄지손가락이 서로 살며시 닿게 한다.

② 호흡에 마음 집중하기

숨을 들이쉴 때 배가 팽창되고 내쉴 때 배가 수축하는 것을 알 수 있을 것이다. 배가 일어나고 꺼지는 바로 이 두 동작에 주목한다. 호흡은 평소처럼 자연스럽게 한다. 배가 일어나는 것을 분명하게 느끼려고 억지로 숨을 크게 쉴 필요는 없다. 숨을 들이쉴 때 배가 일어나는 동작에 주목하고 숨을 내쉴 때 배가 꺼지는 동작에 주목한다. 들이쉬거나 내쉴 때, 각각 일어나는 배의 움직임이 시작될 때부터 끝날 때까지 배에 마음을 밀착하여 한 순간도 틈을 주지 말고 따라간다. 수행의 기초단계에 배의 일어남과 꺼짐의 동작을 분명히 느끼지 못한다면 한 손, 또는 두 손을 배에 대고 할 수도 있다.

배의 일어나고 꺼지는 동작이 일어날 때 각각 "일어남" "꺼짐" 이라고 마음속으로 뇌 인다.

입 속에서 우물거리거나 소리를 내지 말고 마음으로만 해야 한다. 이 이름 붙이기는 마음을 집중의 대상에 주목하는데 도움을 준다. 그러나 중요한 것은 일어나는 동작에 얼마나 마음을 밀착시켜 따라 가고, 주목할 수 있느냐이다.

일어남이나 꺼짐에의 마음집중은 일어남과 꺼짐의 동작과 동시에 되어야 한다. 일어남과 꺼짐이 항상 같지 않을 수도 있다. 짧게, 빠르게, 느리게, 분명하게, 불분명하게, 굵게, 섬세하게, 긴장되게, 느슨하게, 계속적으로 혹은 단속적으로 될 수도 있다. 이 모든 것을 일어나는 대로 관찰하고 주목한다.

있는 그대로를 보는 수행을 통해서 결국 일어나고 사라지는 모든 현상의 무상함과 고(苦), 무아를 깨닫게 될 것이다.

'일어남'과 꺼짐의 동작은 바람요소의 특성(동작, 이완, 긴장, 견고함 등)이 주도 하고 있다. 그러므로 동작들을 관찰할 때 염처경의 '물질적 요소에의 마음집중'에서 나오는 바람요소의 설정을 실제로 관찰한다. 여기서 설명하는 내용들은 수행에 관련된 이론의 이해를 돕기 위한 것으로 실제 수행하는 동안은 이렇게 생각하거나 분석해서는 안 된다. 예를 들면 "아! 이 동작은 바람의 요소이고 저 딱딱함은 땅의 요소이다." 등으로 생각하거나 분석해서는 안 된다. 일어나는 것들을 생각이나 분석이 없이 있는 그대로의 느낌들을 알아차리고 관찰해야 한다.

③ 마음 집중이 흐트러질 때

수행의 초기 단계에서는 배의 '일어남'과 '꺼짐'에 주목할 때 자주 마음이 흐트러질 수도 있다. 이렇게 마음이 흐트러지면 그 흐트러진 상태를 알아차리고 '흐트러짐' 또는 '생각' '생각' 하면서 흐트러진 상태에 주목한다. 또 생각으로 걱정을 하고 있으면 '걱정' '걱정'하면서 그 상태에 주목하고, 무엇인가를 계획하고 있으면 '계획' '계획', 상상하면서 '상상' '상상', 과거를 회상하면 '회상' '회상'하는 방법으로 그 상태에 마음을 집중한다. 이렇게 마음집중을 하고 있으면 저절로 생각이 끊어질 것이다. 그러면 다시 배의 '일어남'과 '꺼짐'의 상태에 마음을 집중한다.

이상의 설명에서처럼 위빠사나 선에서는 끊고 버려야 할 생각(망상)이 없다. 집중하던 곳에서 마음이 흩어져 다른 곳으로 가면 그곳을 다시 집중하면 된다. 즉, 망상조차도 공부의 대상이 된다. 만약, 어떤 소리에 주의가 끌리면 '들림' '들림'하고 주목하다가 더 이상 주목하지 않게 되면 다시 돌아와서 '일어남' '꺼짐'을 한다. 또 몸의 어떤 부위나 얼굴이 가려우면 '가려움' '가려움' 하고 주목한다. 일어나는 감각에 마음을 밀착시켜 그 감각이 어떻게 변하는지, 더 강렬해지는지, 사라지는지를 세밀하게 관찰하도록 노력한다. 참을 수 없는 가려움이어서 긁고 싶어지면 긁고자 하는 의도에 주목한다. 그리고 나서도 아직 긁지 말고 잠시 동안 기다려보고 더 집중하다 보면 긁고 싶은 욕구가 사라질지도 모른다. 그런데도 긁고 싶은 욕구가 강해지면 긁을 수 있다. 그런데 아주 천천히 해야 한다. 긁는 동작을 포함한 모든 동작을 포함한 모든 동작 즉, 가려운 부위 쪽으로 손을 들어 올림, 닿음, 긁음, 시원한 감각, 본래의 자리로 손을 옮겨놓는 동작을 빠짐없이 관찰한다. 가려울 때처럼 아플 때도 '아픔' '아픔'한다. 찌르는 듯한 아픔인지, 에이는 듯한 아픔인지, 잡아당기는 듯한 아픔, 또는 뒤틀리는 아픔인지 아픔의 종류를 알고 면밀하게 관찰한다. 또 아픔이 그대로인지 변하는지, 아픈 부위가 한곳인지 주위에 옮겨 다니는지 이런 방법으로 아픔의 여러 가지 양태에 주목한다. 정신적인 저항 없이 고요하고 초연하게 아픔에 주목한다. 아픔이 사라지기를 혹은 그대로 있기를 바라서는 안 된다. 만약 아픔이 사라지기를 바란다면 사라지기를 바라는 욕구를 주목해야 한다. '아픔이 사라지든지 그대로 있든지'에는 초연해야 한다. 만약, 이런 방법으로 주목할 수 있다면 아픔을 참기가 훨씬 쉬워질 것이다. 아픔은 우리를 빈틈없이 깨어있게 하기 때문에 위빠사나 선의 좋은 수행 대상이다.

이 아픔에 주목하기를 통해서도 역시 닙바나의 상태에 도달할 수 있다. 아픔이 사라지면 다시 배의 '일어남'과 '꺼짐'에 주목한다. 아픔을 참을 수 없게 되어 다리를 바꾸거나 몸을 펴고자 할 때는 가려움에 주목할 때와 같은 요령으로 즉시 바꾸지 않는다. 바꿔놓고 싶은 욕구에 주목하고 아픔에 조금 더 주목한 다음 그래도 바꿔야겠다면 아주 천천히 모든 움직임에 집중하고 관찰하면서 자세를 바꿔야 한다.

침착하지 못함, 지루함, 졸림, 혐오감, 화, 갈망 등의 여러 가지 정신적 상태들이 좌선 중에 쉽게 일어날 수 있다. 이런 상태가 일어날 때도 역시 먼저 알아차리고 주목한 다음 다시 배의 일어남과 꺼짐으로 돌아간다.

좌선을 하는 동안 어떤 빛이나 환상 등이 나타날 수도 있는데 역시 그때도 이 빛이나 상(相)을 '보임' '보임' 하면서 주목한다. 이들 빛이나 상에 너무 오래 주목해서는 안 된다. 잠시 주목한 다음 다시 '일어남'과 '꺼짐'에 주목한다.

초보자는 배의 '일어남'과 '꺼짐'에 주목하기를 끈기 있게 해야 한다. 끈덕진 노력에도 불구하고 '일어남'과 '꺼짐'을 관찰할 수 없을 때는 '앉음'과 '닿음'을 주목할 수 있다. 그러나 무엇보다도 먼저 '일어남'과 '꺼짐'에 주목하는 것에 최선을 다해봐야 한다. '일어남'과 '꺼짐'이 공부의 좋은 재료이고 많은 수행자들이 이것에 집중해서 좋은 결과를 얻었기 때문이다. 그래서 며칠이고 혹은 몇 주 동안 배의 '일어남'과 '꺼짐'에의 집중이 선명해질 때까지 노력을 경주해야 한다. 이런 노력에도 불구하고 '일어남' '꺼짐'이 분명해지지 않으면, 그때 '앉음'과 '닿음'에 주목할 수 있다. '앉음'에 주목할 때는 바로 앉아 있음을 알아차리면 된다. 그냥 똑바로 앉아 있음을 알면 된다. '앉음' 하면서 바른 자세에 주목하고, 그런 다음 오른쪽 엉덩이가 바닥에 닿는 감각에 주목한다. 다시 '앉음', 이어서 '닿음' 하는데 이번에는 두 손이 같이 놓여져 있는 감각에 주목한다. 다시 '앉음'에 주목하고, 이어서 왼쪽 엉덩이의 '닿음'에 주목한다. 다시 '앉음', 이어서 '닿음' 하는데 이번에는 두 손이 같이 놓여져 있는 감각에 주목한다. 이런 방법으로 세 곳에 '닿음'을 하는데 매번 교대로 '앉음'도 같이한다. 즉 '앉음' '닿음' '앉음' '닿음Ⅱ' '앉음' '닿음Ⅲ'의 방법으로 한다. 이렇게 함으로써 '앉음'과 '닿음'의 주목을 일정하게 빠른 속도로 할 수 있게 되고 '닿음'의 지점에 점점 더 분명하게 마음 집중이 된다.

'앉음'과 '닿음'에 집중하는 동안 배의 '일어남'과 '꺼짐'이 분명해지면 다시 '일어남'과 '꺼짐'의 집중으로 돌아간다.

(2) 걷기 선 (行 禪)

걷기 선은 수행자의 노력(힘) 기능을 자극해서 좌선을 주의 깊고 빈틈없이 하도록 돕는다. 걷기 선이 없는 긴 시간의 좌선은 노력, 또는 힘과의 균형을 잃은 과도한 정신집중이 될 수 있어 나태함이나 졸음이 끼여들 수도 있다. 그래서 집중적인 수행(단기출가) 때는 걷기 선 한 시간, 좌선 한 시간씩으로 걷기와 앉기의 균형을 맞춘다.

선원에서는 보통 하루 열다섯 시간씩 정진을 하는데 걷기선 일곱 시간,

좌선 여덟 시간으로 시간 배정을 한다. 수행자는 물론 그 외의 시간(공양, 목욕, 화장실 사용 등)에도 한 순간도 놓치지 말고 마음 집중을 해야 한다.

걷기 선을 할 장소는 열다섯에서 스무 보정도 거리의 방안이나 그 밖에 방해받지 않을 조용한 곳이면 좋다.(한적한 공원, 강가, 바닷가 등이라면 아주 좋은 걷기 선의 좋은 장소가 된다.)

먼저 바로 서서 양손을 앞으로, 또는 뒤로 모아서 서로 맞잡고 눈을 반쯤만 뜬다.(이 때 반쯤 뜨는 것이 어려우면 그냥 평소처럼 뜨고 있어도 상관없다. 그러나 처음엔 어렵더라도 계속 노력하면 곧 익숙해질 것이다) 고개를 약간 숙여도 되지만 너무 숙여서 발이 시야에 들어오거나, 목이 아프거나 해선 안 된다. 걷기를 할 때 의식적으로 발을 너무 높이 들지 않는다. 또 걷기를 하는 동안 이곳저곳 주위를 둘러봐서도 안 된다. 이 수행을 하는 동안만이라도 밖으로 향한 시각을 내면의 세계에 집중 해보자. 걷기 정진을 하는 중에 둘러보고 싶은 생각을 일으키는 요소가 생기면 보고 싶은 생각에 잠시 집중하면 된다.

좌선 전에는 반드시 시간을 안배해서 걷기 선을 해야 한다. 걷기 선의 효과로 다음과 같이 다섯 가지를 꼽고 있다.

첫째, 먼 길을 갈 수 있는 힘을 유지하게 하고,

둘째, 선 자체의 수행을 위한 힘을 얻을 수 있고,

셋째, 좌선과 걷기 선의 균형은 몸을 건강하게 해서 수행의 빠른 진전을 돕고,

넷째, 걷기 선은 소화를 돕는다. 또 새벽잠에서 깨어 바로 좌선을 할 때 생기는 졸음을 피할 수 있는 좋은 수행법이고,

다섯째, 좌선 전의 걷기 선은 좌선 때의 마음 집중을 더욱 견고하게 한다.

걷기 선은 다음과 같이 여섯 단계로 나누어 수행할 수 있다.

1 단계 - '왼발' '오른발'

2 단계 - '들림' '놓음'

3 단계 - '들림' '나아감' '놓음'

4 단계 - '뒤꿈치 들림' '들림' '나아감' '놓음'
5 단계 - '뒤꿈치 들림' '들림' '나아감' '낮아짐' '닿음'
6 단계 - '뒤꿈치 들림' '들림' '나아감' '낮아짐' '닿음' '디딤'

① 1단계 걷기 선

보통 속도로 걷거나 빨리 걸을 수 있다. 걸으면서 발에 마음을 집중하고 각 걸음에 '왼발' '오른발' 하면서 마음속으로 뇌 인다. 한쪽 끝까지 와서 돌아가야 될 때는 그 지점에 서서 '회전' '회전' 하면서 돌아 다시 '왼발' '오른발' 하면서 걷기에 집중한다.

② 2단계 걷기 선

각 걸음을 두 부분으로 나눠서 주목하는 방법이다. 발이 들리는 순간에 '들림' 내려놓을 때 '놓음' 이라고 이름을 붙여서 주목한다. 뒤꿈치가 바닥에서 떨어지는 순간부터 바닥에 내려놓는 순간까지 한 순간도 놓치지 말고 면밀하게 관찰한다. 발에 닿는 감각이 딱딱한지, 부드러운지, 차가운지, 따뜻한지 등에 주의하면서 주도면밀하게 관찰해야 한다. 한쪽 발이 완전히 바닥에 닿았을 때 다른 쪽 발을 들어올린다. 끝까지 걸어서 멈출 때는 '멈춤' '멈춤' 하고 주목한다. 돌아설 때도 천천히 발을 들어 돌면서 '회전' '회전'하고 주목한다. 완전히 돌아서서 다시 걷기를 시작하기 전에 잠깐 서서 서 있는 자세에서 '서있음' '서있음'하고 나서 걷기를 시작한다.

③ 3단계 걷기 선

여기서는 발의 '들림' '나아감' '놓음'에 주목한다. 발을 들면서 '들림'에 주목하고, 발을 앞으로 옮기면서 '나아감'에 바닥에 내려놓으면서 놓음에 주목한다. 물론 걸음의 시작에서부터 끝까지의 모든 동작을 면밀하게 한 순간도 놓치지 말고 따라가야 한다. 걸으면서 식별될 수 있는 가벼움, 무거움 등의 모든 감각들을 알아채야 한다. 끝까지 걷고 난 다음 돌아설 때는 위의 1, 2 단계의 요령대로 되풀이하면 된다. 나머지 4, 5, 6단계도 위의 1, 2, 3 단계와 같은 요령으로 하면 된다. 가령 한 시간 동안 걷기 선을 한다면 초기 수행단계에는 1단계 20분, 2단계 20분, 3단계 20분 등으로 시간을 안배하고 정진을 하면서 점차적으로 4, 5, 6 단계의 정진을 한다. 또한 앞서도 지적했지만 좌선 전에 꼭 이 걷기를 하도록 한다.

(3) 서 있기 선 (住 禪)

'서 있음'은 걷기 선을 할 때 주로 하는 수행이다. 즉, 출발하기 전, 또는 다 걷고 멈춰 서서 돌아서기 전에 집중을 한다. '서 있음'에 집중할 때는 서 있는 자세와 함께 바닥에 발바닥이 '닿음'을 번갈아 가면서 주목할 수 있다 그러나 오랫동안 '서 있기' 선은 힘이 많이 들기 때문에 피하는 것이 좋다. 또 무릎관절이 약해지거나 꿈같은 상태의 삼매에 빠질 수도 있다. 또 서 있는 동안 몸의 흔들림이나, 쓰러질 것만 같은 두려움을 경험했다는 수행자들이 많다. 반면에 '서 있기' 선은 졸음이 심하게 올 때 정진을 하기에는 좋은 방법이다. '서 있음'에 마음 집중을 하면서 머리에서 발끝까지 비로 쓸어 내리듯이 집중을 하거나, 가만히 서 있는 동안 일어나는 감각들에 집중 할 수 있다. 또 가끔씩 '일어남'과 '꺼짐'에도 집중한다.

통근 길의 전철, 버스에서도 정진을 할 수 있는 방법이다.

(4) 누워서 하는 선 (臥 禪)

이 자세는 보통 정진(일과)이 끝나고 잠들기 전에 행하는 것으로, 진지하게 정진을 할 때는 하지 않는다. 그러나 이 자세로 아주 주의 깊게, 빈틈없이 잠들지 않고 깨어있을 수 있다면 오랫동안 정진을 해도 좋을 것이다. 그러나 잠들기 전에 보통의 가벼운 마음 집중으로 정진하다가 잠드는 것이 일반적이다. 눕는 자세는 몸의 오른쪽이 바닥에 닿도록 모로 눕는 것이 좋다. (사자와). 등을 대고 반드시 눕거나, 왼쪽으로 누워서 편하다면 이런 자세도 상관없다. 누울 때의 동작에도 마음 집중을 하고 누운 후에는 '누움' '닿음' (머리, 어깨, 엉덩이, 다리, 발 등)에 주목하고, (복부의) '일어남'과 '꺼짐'이 분명하면 여기에 집중한다. 그 외에 일어나는 '생각' '소리 들림' '아픔' 등도 좌선 때와 같은 요령으로 집중한다. 이 정진이 잘되면 수면상태에 드는 것과 잠에서 깨어나는 것을 알 수도 있다.

(5) 일상생활에서 선

'염처경'에서는 먹고, 씹고, 화장실 다니고, 옷을 입고, 벗고, 말할 때나 침묵을 지킬 때, 앞이나 멀리 볼 때 등 일상에 마음집중하기의 중요성을 설하고 있다. 생활하면서 일어나는 모든 일들에 항상 마음집중이 되도록 훈련을 해야 한다. 그렇게 될 때 마음집중은 강력해지고, 예민해지고 생활에 유용해진다. 여기서 '항상'이란 끊임이 없음을, '모든 일'이란 융통성을 말한다. 일상의 행동에 마음집중을 적용하지 못하면, 정신적, 육체적 일들의 균형과 통합 같은 마음집중의 효과를 감소시킨다. 일상생활에서 알아차리고, 집중해야 될 일은 아주 많다. 그렇게 하지 못함은 주위에서 일어나고, 영향을 받고 있는 일에 우리가 얼마나 무감각 하고, 맹목적인지를 보여주고 있다. 무슨 일을 하면서 선(禪)을 한다는 것은 매우 어려운 일이다. 그러나 이것은 수행정진에서 중요한 부분으로 무시되어서는 안 된다. 생활하면서 늘 하게 되는 일에 조금씩, 조금씩 마음집중의 영역을 확대시켜 나간다면 언젠가는 완전한 마음집중의 생활을 할 수 있게 될 것이다.

(6) 위빠사나 수행의 이익

위빠사나 수행을 계속하면 모든 행동들은 높은 지혜를 얻기 위해 매진해야 된다. 자비심이 많아지고 다른 사람을 도우며 고통 받는 것들에 연민을 갖게 된다.

위빠사나 수행은 몸과 마음에서 일어나는 육체적, 정신적 작용에 마음을 집중하고 관찰하는 것이라고 말했다. 이 마음집중으로 우리는 무상, 고, 무아의 특성을 이해하게 되며 이들 특성의 이해가 평온하고 지혜로운 삶을 가능케 한다.

우리들의 마음은 보통 이런 저런 일에 대해서 걱정하고 불안해하는 등 하

잘 것 없는 일들을 생각하면서 종잡을 수 없이 이리저리 변하곤 한다. 일상의 행동들은 생각과 선입견 때문에 현재에 충실하지 않고 방황할 때가 많다. 이와 같이 우리는 순간순간의 현재에 살지 못한다.

수행으로 우리는 현재에 머물 수 있으며 하고 있는 일에 더 집중하고 마음은 아주 특별한 평화와 고요함을 경험하기 시작할 것이다. 방황이 멈춰짐으로써 마음은 고요해지고 평화로워지며 긴장감이 풀어진다.

이제 걱정 없이 밝게 매일 매일이 평화롭게 지나간다. 게다가 집중력도 발전되어 할 일에 오랫동안 주의 깊게 몰두할 수 있어 일을 효과적으로 잘 할 수 있을 것이다. 또 잡다한 일이 거의 없어지고 매일 해야 할 일을 미루지 않게 된다.

또한 마음 집중은 기억력을 증진시킨다. 어떤 일을 기억하고자 할 때 그 날의 일들을 쉽게 기억할 수 있다.

육체적인 행동뿐만이 아니라 정신적 상태에도 마음집중을 한다. 행복이나 불행이 일어날 때 알아차린다. 화, 우울, 공포, 불안, 슬픔 등이 일어날 때 일어남을 알게 된다. 이런 감정들로 인하여 넋을 잃게 되지는 않는다. 기쁠 때나 행복할 때도 모든 것은 일시적이고 영원하지 않음을 알기 때문에 우쭐대지 않는다. 슬플 때도 역시 슬픔을 저지할 수 있고 의기소침해 하지 않는 등 오랫동안 그런 상태에 있지 않는다.

마음 집중을 하지 않고 관찰하지 않는다면 그런 상황들에 휘말려 든다. 그렇게 되면 더 비참해지고 더 큰 해가 온다. 그러나 그것을 알아차릴 수 있을 때 그 여세는 꺾여 버린다.

또한 마음 집중은 부정적 경향의 마음을 긍정적인 상태로 돌려놓기 위한 휴식의 시간을 준다. 용기, 인내, 참을성, 지혜와 유해한 상태에서의 극복을 도울 수 있는 긍정적인 힘을 현명하게 나타낼 수 있다. 마음집중이 습관화되어 있으면 '화'가 처음 일어나는 순간부터 알아차리고 이 '화'를 잡아채어 주목함으로써 '화'의 감정은 힘을 잃고 침몰해 버린다.

따라서 마음 집중은 어떠한 상황에도 지혜롭게 대응할 수 있게 한다. 마음집중은 우리가 고요하고 침착하게 반응할 수 있도록 할 것이다. 극단에

치우치지 않고 중도에 머물러 냉정하고 안정되게 할 것이다. 이것은 스스로가 경험해야 하는 것이다.

위빠사나는 감정의 억압이 전혀 수반되지 않는다. 그냥 일어나는 현상을 지켜보고 인정하고 또한 사라지는 것을 지켜본다. 어떤 의미에서는 초연한 관찰자처럼 된다. 경험하는 것을 '나' 자신 '자아'와 동일시하지 않고 조건에 의거해서 일어났다 사라지는 단순화 과정으로 간주한다. 이런 방법으로 우리는 더 가볍고 쉽게 살아갈 수 있다.

궁극적으로 지혜의 증득은 최고의 만족과 행복을 가져다주어 수행을 해 본 사람은 스스로 마음 집중의 효과를 입증할 수 있을 것이다.

간화선(看話禪)

1) 간화선이란

간화선(看話禪)이란 화두(話頭)를 참구하여 본래 성품을 바로 보는 참선법이다. 본래 성품을 보면 깨닫는 것이다. 화두를 타파하여 깨닫는 것을 견성성불(見性成佛)이라 한다. 견성성불이란, 자기 마음을 바로 보아 부처가 되는 것을 말한다.

그래서 간화선을 화두를 참구하여 깨치는 수행법이라 하여 일명 화두선(話頭禪)이라고도 한다. 간화선은 석가모니 부처님 이래 인도와 중국을 거치면서 자기 성품을 깨닫는 여러 참선법 가운데 가장 발달된 수행법으로 자리 잡았다.

간화선의 원류가 되는 조사선(祖師禪)은 4세기경 달마 대사가 동쪽으로 건너와 전한 것에서 유래한다. 7세기경 당나라 시대에 6조가 된 조계 혜능(638~713) 선사가 돈오선법을 제창하면서 선종의 실질적인 기반을 확립하였다. 그 이후 당, 송나라 시대를 거치며 수많은 선지식들을 배출하였다.

12세기 중반에 대혜(1089~1163) 선사가 조사와 수행자 사이의 문답을 정형화한 화두를 일상생활 가운데 참구하는 간화선을 제창하였다. 대혜선사가 제시한 간화선은 조사선의 핵심을 가장 잘 간직한 출가, 재가를 가리지 않는 생활 수행법이다.

간화선이 수승하다는 것은 깨달은 선지식이 깨달은 자리를 바로 보라고 제시한 화두를 타파하여 그 자리에서 견성 성불하기 때문이다.

깨달은 세계는 허공과 같이 무한히 넓어 한정이 없다. 그 세계에 존재하는 모든 사물은 평등해서 우열이 없고, 귀천·친소·시비가 없다. 대립과 갈등 그리고 투쟁이 없는 평화로운 세계만이 있을 뿐이다.

깨달으면 자주적이고 자율적이며, 능동적이고 적극적이며, 한 없이 자비로우며, 괴로울 때나 즐거울 때나 자유자재한 대자유인이 된다.

이 역동적인 현상은 말로도 설명할 수 없고 글로도 표현할 수 없다. 스스로 물을 마셔보아야 차고 더운 것을 아는 이치와도 같다.

좌선 수행의 다양한 발전은 중국 송대에 들어와서 간화선이라는 독특한 수행법을 창출하였다. 간화선이 등장하게 된 필연적인 근거는 아무래도 올곧은 수행을 진행시키기 위한 모색에서 찾을 수 있을 것이다. 특히 초심자가 좌선에서 겪는 가장 어려운 점 가운데 하나는 망상으로 인한 산란심과 적적공무(寂寂空無)에 떨어지는 혼침을 쉽게 추스리지 못한다는 데 있다. 바로 이와 같은 산란심과 혼침의 두 가지를 제거하기 위하여 제시된 가장 효과적인 방식은 화두를 드는 것이다.

화두를 들고 있음으로 해서 화두에 전념하기 때문에 부산하게 일어나는 망상을 피우지 않게 되고 동시에 살아 있는 송장처럼 죽어 있는 듯 살아 있는 듯 하는 혼침도 제거할 수가 있기 때문이다. 따라서 화두에 전념하여 話頭 일념의 상태가 되면 더 이상 산란심과 혼침을 발붙일 곳이 없어지고 만다. 이러한 산란심과 혼침을 동시에 해결하기 위해서 간화선에서는 화두를 든다.

간화선 수행에서 무엇보다 필요한 것은 간절하게 지속하는 것이다. 이와 같은 화두 수행을 하는 기본적인 요소로서 예로부터 간화선 수행에 있어서는 대신근(大信根), 대의단(大疑團), 대분지(大憤志)의 세 가지가 필수적인 요소로 언급되었다.

첫째 대신근은 화두 자체를 믿음과 함께 화두를 제시해 준 스승의 가르침을 믿는 것이다. 자신이 화두 수행을 통해서 반드시 깨달음에 이른다는 사실과, 화두 수행을 이루어낼 수 있다는 자기 자신을 통째로 믿는 것이다. 이것은 불교의 인과법만큼이나 명확한 명제이기도 하다.

둘째 대의단은 대신근의 바탕 위에서 화두 자체에 대한 의문을 지니는 것이다. 자신이 해결해야 할 지상의 과업으로서 화두를 들어 그것을 투과할 때까지 지속하는 치열한 구도 행위이다.

셋째 대분지는 위의 화두를 줄기차게 진행시켜 나아가는 정진이다. 단순하게 의문만 가지고는 오래 계속하지 못한다. 그 의문을 해결하기 위한 맹세 내지 오기가 필요하다. 이 세상에 한 번 태어나지 않은 셈치고 화두를 들다가 죽을지언정 화두에서 물러나지 않으려는 고심참담한 노력이다.

2) 간화선 참구법(자세와 호흡법)

'오직 열린 마음으로 만사 놓고 쉬어라.' 선의 기치를 드높인 육조혜능(638~713) 스님은 오늘날과 같은 개념의 좌선(坐禪)과 간화(看話)를 주창하지 않았다. 다만 단박에 자신의 본성을 바로 볼 것(見性)을 강조했을 따름이었다. 이것은 기존에 없던 것을 만들어낸다거나 부족한 것을 채워나가는 것이 아니고, 이미 갖추고 있는 것을 돌이켜 확인하는 작업이었다. 따라서 참선이란 선지식의 지도와 자신의 열려있는 마음이 전제될 경우, 언제 어디서나 누구에게나 열려있는 수행법이라고 할 수 있다. 하지만 이런 원리를 현실화시키기 위해서는 일정한 방법이 필요하다. 그것이 곧 몸의 좌선이며, 마음의 화두 챙김이다.

① 좌선 자세

고요한 곳에서 두터운 방석을 깔고 하며, 발은 두 발을 반대편 넓적다리 위에 놓는 가부좌가 기본이다. 이 때 어느 쪽 발이 위로와도 상관없지만 몸 전체의 균형을 위해서는 두 발을 번갈아 위에 두는 것이 좋다. 또 두 발은 '일(一)' 자가 되어 몸이 정삼각형을 이루어야 하며, 다리가 들리지 않도록 주의해야 한다. 두 손은 포개서 발 위에 편하게 놓는데 위에 두는 손은 발의 순서와 일치하면 된다. 이 때 두 엄지손가락 끝은 서로 맞대야 한다. 눈은 지그시 떠서 졸음을 쫓아야 하며 시선은 몸을 앞으로 구부려서 손끝이 닿는 지점에 고정시키는 것이 좋다.

다리가 아플 경우는 살며시 바꾸어 놓아도 무방하다. 망념이 일어나면 다만 망념인 줄 알아채면 저절로 사라지니, 절대로 붙들고 씨름할 필요가 없다.

② 호흡법

좌선시의 호흡은 우선 숨소리를 내지 않아야 하며 숨을 거칠 게 하지 말고, 스스로 호흡한다는 의식이 없는 자연스러운 상태라야 한다. 공기를 조용히 들이마시되 아랫배가 약간 볼록하도록 하고, 조용히 내쉬어 차츰 아랫배가 약간 들어가도록 8부 가량만 숨을 쉰다. 이 때 잠시 호흡을 머물렀다가 내쉬면서 '이 뭣고'하는 것이 화두를 배로 참구하는 한 요령이다.

③ 화두 드는 법

화두는 반드시 선지식으로부터 받는 것이 원칙이며 화두 받을 때의 마음자세가 매우 중요하다. 앉아서 참선할 때에는 화두는 전방 1.5 내지 2m 아래에 두고 의심을 끊어지지 않게 지어가야 한다. 이것이 습관화 되면 앉으나 서나 걸어가나 일을 하나, 다른 이와 대화를 할 때도 화두를 놓지 않고 눈앞에서 생생하게 화두의 의심을 챙길 수가 있다.

④ 좌선 끝내는 법

집단으로 좌선하는 선방에서는 끝내는 신호에 따르기만 하면 되지만 혼자서 좌선하고 있을 때는 주의가 필요하다. 옛 선사들은 "좌선이 끝나 일어설 때에는 천천히 몸을 움직인 후에 편안히 일어나고 갑자기 일어서서는 안 된다. 좌선에서 일어난 뒤에는 어느 때나 항상 좌선의 방법에 의해 선정(禪定)의 힘을 보호하고 유지하기를 어린애를 돌보듯 하라"고 했다.

⑤ 화두 참구시 주의할 점

〈간화결의론(看話決疑論)〉에서는 '조주 무자' 화두를 참구함에 있어서 주의해야 할 열가지 병통(十種病)을 말하고 있다. △유(有)와 무(無)의 알음알이를 짓지 말며 △진무(眞無)의 무(無)로 생각지도 말고 △도리(道理)로써 이해하려고 하지 말며 △의근하(意根下)를 향해서 사량하고 계교하지도 말며 △눈썹을 치켜 올리고 눈을 깜박이는 데서 캐내려고 하지도 말며 △어로상(語路上)에서 활계(活計)를 짓지도 말며 △일 없는 갑옷 속에 드날려 있지도 말며 △화두를 들어 일으킨 곳을 향하여 알려 하지 말며 △문자로써 이끌어 증명하지 말며 △어리석음을 가져다 깨닫기를 기다리지 마라.

⑥ 좌선하기 전 주의사항

"모든 인연을 놓아 버리고 만사를 쉬어, 몸과 마음이 하나 같이 움직이고, 고요함에 틈이 없어야 한다."〈좌선의〉

몸과 마음을 함께 닦는 좌선을 하기 위해 가장 중요한 것은 음식 조절이다. 설사, 변비, 복통 등이 있거나, 배가 부르거나 고파도 좋지 않다. 또 음식물은 되도록 자극적인 것을 피하고 대소변도 시작하기 전에 봐둬야 한다. 그리고 식사 30분 후에 좌선을 시작한다. 수면조절 역시 필요하다. 많이 자도 좋지 않고 부족해도 좋지 않다. 좌선을 시작하기 전에는 목과 상체, 팔, 다리, 무릎, 허리 등을 풀어주는 가벼운 체조가 필요하다.

3) 참선과 수행에 관한 용어

① 경행

참선을 하는 수행자가 좌선하다가 졸리는 것을 방지하거나 몸을 풀어주기 위해 가볍게 걸으면서 닦는 수행 법. 선원에서는 50분 좌선 뒤 10분의 경행을 한다.

수행자들은 선원 내에서 천천히 걸으면서 좌선으로 굳어진 몸을 풀게 되는데, 이때에도 참선의 근본 과제인 화두(話頭)를 의심하여 철저히 점검하게 된다.

〈좌선〉은 정(靜)의 상태에서 행하는 공부인데 비해, 〈경행〉은 동(動)의 상태에서 행하는 공부이기 때문에 행선(行禪)이라고도 한다. 경행의 방법은 두 손을 모아 쥐어 복부에 두며, 한 발짝 움직일 때마다 화두를 한 번씩 염하는 형식을 취하게 된다. 그러나 50분 동안 좌선한 뒤에도 잡념이 일어나지 않거나 자세가 흐트러지지 않는 경우에는 좌선으로 계속하게 된다.

② 관

대상을 마음으로 주의 깊게 관찰하여 그 대상 자체의 존재를 알아차리고 주시함으로써 대상을 있는 그대로 바라보는 것을 관이라 한다. 관의 원어는 vipasana이다. 이것은 관찰, 통찰, 주시, 등으로 번역되어 사용된다.

③ 결가부좌

오른쪽 발등을 왼쪽 허벅지 위에 걸친 다음 왼쪽 발등을 오른쪽 하지와 허벅지 위에 올려놓는다. 이때 두 발바닥은 하늘을 향하도록 하여 위에서 내려다볼 때 발바닥이 보이도록 다리를 꼬고 앉은 자세를 말한다.

허리는 곧추세워 가슴을 열고 목은 바로 세워서 턱을 약간 당겨준다. 그러면 앉은 몸의 모양이 삼각뿔 형태가 된다. 양 무릎은 바닥에 닿도록 하며 정수리는 하늘을 향하게 해서 단전부위가 삼각뿔의 중심자리가 되게 한다. 곧 기운이 단전에 모이게끔 하는 것이다. 불상의 모습은 바로 결가부좌를 한 모습이다. 수행의 기본자세이나 처음 수행을 시작하는 사람에게는 약간 힘든 자세이다.

④ 반가부좌

결가부좌와 같으나 다만 다리를 모으는 방법만이 다르다. 왼쪽 발등을 오른쪽 다리 위에 올려놓는 자세인데 이때 오른쪽 발과 다리는 바짝 안쪽으로 당겨져 있어야 한다.

처음 수행을 하는 사람에게는 결가부좌가 잘 맞지 않는다. 무리하여 결가부좌를 하려하지 말고 반가부좌로 수행을 시작한다.

⑤ 공안과 화두

공안과 화두는 같은 의미로 쓰인다. 공안은 수행자의 깨우침을 유발하여 공안을 해결하여 단도직입적으로 진리를 깨우치기 위한 하나의 문제이다. 공안은 언어의 논리로 이해되지 않는다. 몇 마디 말에 진리의 핵심을 담고 있기 때문이다. 공안을 사용하여 수행하는 참선의 방법을 간화선 이라 한다.

⑥ 간화선과 묵조선

간화선은 수행 방법에 공안 즉 화두를 참구하는 선 수행의 방법이며, 묵조선은 지관타좌(只觀打坐)의 좌선을 닦는 수행법이다.

간화선은 수행의 철저한 실천을 한결같이 하기위해 의식 활동의 강한 부정을 타파하는 공안을 사용하는 데에 반해, 묵조선의 지관타좌란 말은 오직 생각이 없이 앉은 그대로 선정에 든다는 말이다. 강한 정신적 전환 동기보다는 오직 마음을 쉬게 하여 깨달음에 이르려는 수행법이다. 즉 끊임없이 사량 분별하여 경계를 짓는 의식을 쉬게 하여 결국 본래의 마음에 도달하려는 수행 방법이다.

간화선이 공안을 해결하여 바로 깨침을 얻는 것을 주장하는 것인데 반해, 묵조선은 고요히 앉아서 자기의 마음을 비추어 보고 점차로 그 마음을 깨끗이 하여 마지막 단계에 머무는 것을 요체로 한다.

⑦ 조신

조신이란 몸을 보존하고 유지하는 자세를 말한다. 수행하는 데 편안하고 공부가 잘되는 자세가 가장 좋은 것이다.

대개의 수행 지침서가 좌선을 할 때의 자세를 들어 설명하나 입선(入禪), 행선(行禪), 와선(臥禪)때에도 다르지 않다.

전통적인 좌선의 자세는 결가부좌이다. 불상의 앉은 자세가 바로 그것이다. 수행할 때가 아니어도 자세를 바로 잡는 것이 심신에 좋은 영향을 준다는 것은 모두가 아는 일이다. 등을 굽히고 앉거나 걷는 사람보다, 몸을 바로 하고 있는 사람들이 건강하고 쾌활한 사람이 많은 것이다.

다시 말해 몸과 마음은 일체라는 것이다. 마음을 바로 잡기 위하여 육체적 조건을 바로 함으로써 심신일여의 상태로 들어가게 하는 것이다. 앉아서 수행을 할 때는 다음의 7요소를 참고하여 조신에 마음에 둔다.

<앉는 자세의 7요소>

(1) 결가부좌 또는 반가부좌를 하고 앉는다.
(2) 허리는 바로 세우고 앉는다.
(3) 수인을 맺어 자신의 배 앞으로 당겨 놓는다.
(4) 어깨는 전후좌우로 치우치지 않게 반듯이 편다.
(5) 목에 힘을 들이지 않고 머리를 똑바로 하는 것을 특히 주의한다.

(6) 입은 가볍게 다물고, 혀의 끝을 입 천정에 가볍게 붙인다.
(7) 눈은 감으면 안 되고 반을 뜬 상태에서 자신의 상체길이 만큼의 전방의 한 점을 주시한다.

⑧ 수식관

수식관(數息觀)은 수행을 하면서 마음을 안정하지 못하고 잡념을 가지거나, 처음 수행을 시작하는 이에게 권장을 하는 수행법으로 다음의 세 가지 방식으로 하는데 다음의 출식관을 많이 한다.

(1) 출입관 : 숨을 내 쉴 때에 하나 들이쉴 때에 둘... . 의 방법으로 열까지 센 후 다시 처음으로 돌아와 다시 시작한다.
(2) 출식관과 입식관 : 숨을 셀 때에 나가는 숨 또는 들어오는 숨만을 센다.

수식관(隨息觀)은 수를 세는 노력을 버리고, 즉 수에 대한 의식을 하지 않으면서 단지 숨의 출입에만 전심전력하여 관하는 것이다. 이것은 앞의 수식관에 비해 일보 전진 한 수행법이다.

⑨ 조심

조식과 조신이 몸의 외측을 중심으로 한다면 정신과 마음의 내측 적인 조절의 노력을 조심이라 한다. 수행에 있어서 조심이라는 독립적인 노력만이 존재할 수는 없고 조신과 조식 그리고 조심이 삼위일체가 되었을 때 비로소 수행이 시작되는 것이다.

조심은 수행자의 마음에 나타나는 사념과 망상을 어떻게 조정 하는가 이다. 수행자가 수행을 하는 현재의 시점에서 오직 하나의 일에 마음을 향하여 다른 일에 마음이 쏠리지 않게 하는 상태이나, 어떤 수행자도 그 상태를 수행시간 내내 유지할 수 없다. 자신의 마음이 수행의 방향을 벗어나면 곧 그것을 인식하고 본래의 방향으로 돌아오는 것을 말한다.

⑩ 비사량과 불사량

불사량은 생각을 하지 않는 것을 말한다. 그러나 인간이 아무 것도 생각하지 않는다는 것은 불가능한 것 같다. 여기에 비해 비사량은 판단하지 않는 마음이다. 현재 자기 자신이 하고 있는 일에 몰입하여 다른 것에 마음이 향하지 않는 상태에서 자신의 주관과 느낌으로 판단하지 않는 마음의 상태를 말한다. 수행의 목표인 무념무상, 무심, 삼매의 다른 표현이 바로 비사량이다.

⑪ 수인

좌선을 할 때에 양 손을 위로 하여 겹친 다음 아랫배에 당겨 놓은 후 양 손의 엄지손가락을 가볍게 마주하는 것을 말한다. 이것을 수인을 맺는다고 하고 이 손 모양을 정인이라고 한다. 수인을 맺는 손의 모양은 여러 가지가 있다.

여기서 정의 의미는 선정 또는 삼매의 상태를 말한다. 수행이 올바로 되고 있을 때는 정인의 모양이 흐트러지지 않는다.

⑫ 조면

잠은 고르게 자야 한다. 수면을 즐기는 자는 수행을 이룰 수 없다. 그렇다고 수면을 너무 절제하여도 공부에 지장이 된다. 수면부족은 의식부족의 원인이 된다. 수행이 깊어지면 자연히 수면시간이 단축되는 법이다. 저녁 수행을 오래 하고 늦게 일어날 생각하면 안 된다. 저녁 공부시간을 줄이더라도 아침 공부시간을 지키는 것이 좋다.

수면시간을 지키려고 하지 말고 오히려 좌선을 성실히 하면 저절로 수면에 끌려 다니지 않게 되고 용맹 정진을 할 수 있다.

4) 수행을 마칠 때

수행을 마치고 나면 몸을 천천히 움직여서 평온하게 일어난다. 숨쉬기를 마치는 것을 인식하고 결코 갑자기 일어나지 않는다.

먼저 수인(手印)을 풀어 무릎 위에 놓고 호흡을 크게 3, 4회 토한 다음 몸을 좌우로 서서히 움직인다. 그리고 가부좌한 다리를 일으켜 세워 몸자세를 편하게 하고 조용히 일어선다.

화를 다스리기 위한 4가지 방법

1) 타인과의 관계 개선을 위한 맹세

플럼빌리지에서는 수련자들이 다 모인 자리에서 부부와 가족과 친구들이 다음과 같은 조약에 서명을 한다. 그러나 여기서는, 독자들이 누구나 자신이 편한 대로 바꾸어 써도 무방하다. 말미에 불교에 관계되는 언급이 있는데 그것도 자신의 종교나 신념에 맞게 바꾸어 주기 바란다.

❖ 평화조약

오래도록 함께 행복하게 살기 위해서, 사랑과 이해를 지속적으로 개발하고 심화하기 위해서, 우리는 다음과 같은 사항들을 준수하고 실천할 것을 다짐한다.

1. 더 이상 상대방을 화나게 하거나 상처를 주는 말, 혹은 그런 행동을 하지 않는다.
2. 내 화를 억누르지 않는다.
3. 의식적인 호흡을 실천하고, 나 자신에게 돌아가서 내 마음의 화를 보살핀다.
4. 차분하게 24시간 이내에, 나를 화나게 한 사람에게 내가 화로 인해 고통받고 있다는 것을 말이나 편지를 통해 얘기한다.
5. 주말, 혹은 금요일 저녁 시간에 만나서 문제를 차근차근 얘기해 보자는 뜻을 말이나 편지로 전한다.
6. "난 화나지 않았어. 난 괜찮아. 나는 고통스럽지 않아. 화낼 일이 뭐가 있어." 라고 말하지 않는다.
7. 앉아 있을 때나 걸을 때, 누워 있을 때나 일을 할 때, 운전을 할 때, 순간

마다 삶을 깊이 들여다봄으로써, 내가 미숙하게 처신한 적은 없는지, 나의 습관적 에너지 때문에 타인을 해친 적은 없었는지 살핀다. 그리고 내 안에 있는 강렬한 화의 씨앗이 내가 화를 낸 1차 원인이었으며, 타인은 단지 부차적은 원인이었음을 깨닫고, 타인이 고통 받고 있는 한 나도 진정으로 행복해질 수 없다는 것을 깨닫기 위해 노력한다.

8. 내가 미숙하고 자각이 없었기 때문에 문제가 발생했다는 것을 깨닫고 나면 금요일 저녁까지 기다리지 말고 즉시 사과한다.
9. 그를 만나서 차분하게 얘기할 준비가 되어 있지 않다고 생각되면 금요일 저녁의 약속을 뒤로 미룬다.

또한, 나는 타인을 화나게 한 사람으로서 다음과 같이 다짐한다.

1. 타인의 감정을 존중한다. 그를 비난하지 않고, 그의 마음을 진정 시켜주기 위해서 노력한다.
2. 문제가 생긴 즉시 시비를 따져보자고 그를 조르지 않는다.
3. 그가 만나자고 제의하면 흔쾌히 받아들임으로써 내가 그의 곁에 있다는 사실을 알려준다.
4. 기회가 된다면, 금요일 저녁까지 기다리지 말고 즉시 사과한다.
5. 의식적인 호흡을 실천함으로써 자신을 깊이 들여다보고 다음과 같은 사실을 확인한다. 내가 가진 화의 씨앗과 처신의 미숙함과 습관적 에너지가 그를 불행하게 만들었다. 나는 그에게 고통을 안겨주면 나의 고통이 덜어질 거라고 그릇되게 생각했다. 그에게 고통을 줌으로써 나는 나 자신마저도 고통스럽게 만들었다.
6. 내가 미숙하고 자각이 없었던 것이 문제였다는 사실을 깨달았을 때는 변명을 할 생각도 하지 말고 금요일 저녁까지 기다리지도 말고 즉시 사과한다.

우리는 귀하신 부처님을 증인으로 모셔놓고
우리의 수련을 이끄는 지도자 앞에서

위의 조항들을 준수하고 실천할 것을 다짐한다.
우리는 명석함과 자신감을 갖게 해달라고
불과 법과 승의 삼보에게 호소한다.

서명 :
2009년 월 일
장소 :

2) 마음이 너그러워지는 5가지 훈련

(1) 첫 번째 자각 훈련 :: 삶을 존중하기

삶이 붕괴될 때 빚어질 고통을 깨닫고, 나는 인간과 동물과 식물과 광물의 생명을 보호하기 위한 애정을 기르고 그 방법을 배울 것을 다짐한다. 나는 내손으로 살상을 하지 않을 것이고, 남에게 살상을 시키지도 않을 것이며, 마음은 물론 실제 상황에서도 세상에서 일어나는 그 어떤 살상 행위도 묵과하지 않을 것이다.

(2) 두 번째 자각 훈련 :: 너그러움

착취와 사회적 불의와 도적질과 억압으로 인해서 빚어지는 고통을 깨달음으로써 나는 인간과 동물과 식물과 광물의 생명에 대한 자애심을 기를 것이고, 그 안녕을 위해서 헌신할 수 있는 방법을 배울 것이다. 나는 나의 시간과 힘과 재산을 진실로 도움을 필요로 하는 사람들에게 나누어주는 너그러움을 기를 것이다. 나는 도적질을 하지 않을 것이며, 남의 재산을 탐하지 않을 것이다. 나는 남의 재산은 존중할 것이고, 그러나 인간과 다른 생명들의 고통을 통해서 자신의 이득을 취하는 행위를 좌시하지 않을 것이다.

(3) 세 번째 자각 훈련 :: 성에 대한 책임

부정한 성관계로 인해서 빚어지는 고통을 깨달음으로써 나는 개인들과 부부들과 가족들과 사회의 안전과 고결에 대한 책임감을 기를 것이고, 그것을 보호하기 위한 방법을 배울 것이라고 다짐한다. 나는 사랑이 없고 장래에 대한 언약이 없는 성관계를 맺지 않을 것이다. 나 자신과 타인들의 행복을 지키기 위해서 나는 나의 각오를 존중하고 타인들의 각오도 존중할 것이다. 나는 어린이들에 대한 성적 학대를 예방하기 위해서, 그리고 부부들과 가족들이 부정한 성관계로 인해서 파괴되는 것을 예방하기 위해서, 내가 할 수 있는 노력을 다할 것이다.

(4) 네 번째 자각 훈련 :: 깊게 귀 기울이기와 사랑의 말

건성으로 남의 말을 듣거나 남의 말에 귀를 기울이는 능력이 없는 탓으로 빚어지는 고통을 깨달음으로써, 나는 남들에게 행복을 주고 그들의 고통을 덜어주기 위해서 사랑의 말로 대화를 하고 그들의 말에 깊이 귀를 기울일 것이라고 다짐한다. 우리의 말이 행복을 줄 수도 고통을 줄 수도 있다는 사실을 잘 알고 있으므로, 나는 자신감과 기쁨과 희망을 불러일으키는 말을 진심으로 하는 방법을 배울 것이다. 나는 내가 확실하게 알지 못하는 사실에 대해서는 남들에게 퍼뜨리지 않을 것이고, 내가 확신하지 못하는 것을 가지고 남을 비난하거나 경멸하는 어조의 말을 하지 않을 것이다. 나는 분열과 불화를 일으키고, 가정과 사회에 해악을 끼칠 말을 삼갈 것이다. 나는 아무리 사소한 갈등이라 하더라도 갈등이 빚어졌을 때는 반드시 화해하고 해소하기 위해서 최선의 노력을 다할 것이다.

(5) 다섯 번째 자각 훈련 :: 의식적인 소비

아무 생각 없이 소비하는 데서 빚어지는 고통을 깨달음으로써, 나는 먹고 마시는 등의 모든 소비를 의식적으로 하여 나 자신과 가족과 사회의 정신적

신체적 건강을 증진시킬 것이라고 다짐한다. 나는 나의 몸과 마음, 나의 가족과 사회의 평화와 안녕과 기쁨을 보존해줄 음식만을 먹을 것이다. 나는 술을 비롯해서 정신을 혼미하게 하는 모든 것을 용납하지 않을 것이며, 독소가 들어 있는 TV프로그램, 잡지, 책, 영화 같은 것을 보지 않을 것이다. 나는 그 같은 독소로 나의 몸과 마음에 해악을 끼치는 것은 조상과 부모와 사회와 후손을 배신하는 행위임을 깨달을 것이다. 나는 적절한 식생활이 나 자신과 사회의 변화를 위해 결정적으로 중요하다는 사실을 잊지 않는다.

3) 화를 다스리기 위한 호흡법

이 명상 지침은 화를 다스리기 위한 가르침을 실천하는 데 크게 도움이 될 것이다. 지침에 따라서 조용한 장소에서 혼자 명상에 잠길 수도 있을 것이고, 다른 사람을 초청해서 그 사람이 읽어주는 대로 따라 해도 좋다.

우선 호흡을 자각하는 것부터 시작하자. 들숨과 날숨을 낱낱이 자각하고, 숨을 들이쉴 때는 "안으로", 내쉴 때는 "밖으로" 라고 말하자. 마음을 진정시키기 위해서는 늘 의식을 자각하는 것부터 시작해야 한다. 숨을 들이쉬고 내쉴 때마다 "안으로"와 "밖으로" 라고 말을 하면 명상의 의미를 진정으로 감지하게 된다. 기계적으로 해서는 안 된다. 숨이 들어오고 나가는 것을 구체적으로 느끼면서 그 말을 해야 한다. 그렇게 여덟 번에서 열 번쯤 호흡을 하자.

(1) 화를 깊이 들여다보기

① 화가 난 사람을 깊이 생각하면서,
숨을 들이쉰다. **화가 난 사람**

그 사람의 고통을 눈으로 보면서,
숨을 내쉰다. **그의 고통**

② 화로 인해

나와 타인이 입은 상처를 생각하면서,
숨을 들이 쉰다. 화는 나와 타인에게 상처를 준다.

행복을 파괴하는 화를 생각하면서,
숨을 내쉰다. 화는 행복을 파괴한다.

③ 내 몸 안의 화의 뿌리를 보면서,
숨을 들이쉰다. 내 몸 안에 있는 고통의 뿌리

내 마음속의 화의 뿌리를 보면서,
숨을 내쉰다. 내 마음속의 고통의 뿌리

④ 그릇된 판단과 무지에 들어 있는
고통의 뿌리를 보면서,
숨을 들이쉰다. 그릇된 판단과 무지에 들어 있는 고통의 뿌리

그릇된 판단과 무지에게
미소를 지어주면서,
숨을 내쉰다. 미소 짓기

⑤ 화가 난 사람의 고통을
지그시 바라보면서,
숨을 들이쉰다. 화가 난 사람의 고통

화로 고통당하는 사람에게
연민을 느끼면서,
숨을 내쉰다. 연민을 느끼기

⑥ 화가 난 사람의
딱한 처지와 불행을 보면서,
숨을 들이쉰다. 화가 난 사람

그 불행의 원인을 이해하면서,
숨을 내쉰다. 불행을 이해하기

⑦ 화의 불길에 휩싸인
나를 바라보면서,
숨을 들이쉰다. 화의 불길에 휩싸이다.

화의 불길에 휩싸인
나를 바라보면서,
숨을 들이쉰다. 자신에 대한 연민

⑧ 화는 나를 추하게
만든다는 것을 깨달으면서,
숨을 들이쉰다. 화는 나를 추하게 한다.

내 모습이 추하게 된 것은 순전히
나 때문이라는 것을 깨달으면서,
숨을 내쉰다. 나는 스스로를 추하게 만든다.

⑨ 화가 났을 때
나는 집에 불을 지르는 것과
같다는 것을 깨달으면서,
숨을 들이쉰다. 나는 집에 불을 지르고 있다.

화를 보살피고
자신에게로 되돌아가면서,
숨을 내쉰다. 나 자신을 보살피기

⑩ 화가 난 사람을
돕는다고 생각하면서,
숨을 들이쉰다. 화가 난 사람을 돕기

내게는 화가 난 사람을
도울 능력이 있다는 것을
깨달으면서,
숨을 내쉰다. 나는 그를 도울 수 있다.

(2) 부모님에 대한 화를 씻고 관계를 되돌리기

① 나를 다섯 살짜리 아이라고 여기며,
숨을 들이쉰다. 나는 다섯 살짜리 아이

그 다섯 살짜리 아이에게
미소를 지어주면서,
숨을 내쉰다. 미소 짓기

② 다섯 살짜리 아이는 매우
연약하다는 사실을 상기하면서,
숨을 들이쉰다. 다섯 살짜리 아이는 연약하다.

내 안에 있는 다섯 살짜리 아이에게
사랑의 미소를 지어주면서,
숨을 내쉰다. 사랑의 미소

③ 내 아버지를 다섯 살짜리
아이라고 생각하면서,
숨을 들이쉰다. 아버지는 다섯 살짜리 아이

다섯 살짜리 아이인 아버지에게
미소를 지어주면서,
숨을 내쉰다. 미소 짓기

④ 다섯 살짜리 아이인 아버지는

매우 연약하다고 생각하면서,
숨을 들이쉰다. 아버지는 연약하다.

아버지에게 사랑과
이해의 미소를 지어주면서,
숨을 내쉰다. 사랑과 이해로 미소 짓기

⑤ 어머니를 다섯 살짜리
소녀라고 생각하면서,
숨을 들이쉰다. 어머니는 다섯 살짜리 아이

다섯 살짜리 소녀인 어머니에게
미소를 지어주면서,
숨을 내쉰다. 미소 짓기

⑥ 다섯 살짜리 소녀인 어머니는
매우 연약하다고 생각하면서,
숨을 들이쉰다. 어머니는 연약하다.

어머니에게 사랑과 이해의
미소를 지어주면서,
숨을 내쉰다. 사랑과 이해로 미소 짓기

⑦ 아이인 아버지가 받는
고통을 생각하면서,
숨을 들이쉰다. 아버지는 고통 받는 아이

아이인 어머니가 받는
고통을 생각하면서,
숨을 내쉰다. 어머니는 고통 받는 아이

⑧ 내 안에 있는
아버지를 보면서,
숨을 들이쉰다. 내 안에 있는 아버지

내 안에 있는 아버지에게
미소를 지어주면서,
숨을 내쉰다. 미소 짓기

⑨ 내 안에 있는
어머니를 보면서,
숨을 들이쉰다. 내 안에 있는 어머니

내 안에 있는 어머니에게
미소를 지어주면서,
숨을 내쉰다. 미소 짓기

⑩ 내 안에 있는 아버지가 당하는
어려움들을 생각하면서, 내 안에 있는 아버지가
숨을 들이쉰다. 당하는 어려움

아버지와 나 모두를
해방시키기 위해서
노력할 것을 다짐하면서,
숨을 내쉰다. 아버지와 나를 해방시키기

⑪ 내 안에 있는 어머니가 당하는
어려움들을 생각하면서, 내 안에 있는 어머니가
숨을 들이쉰다. 당하는 어려움

어머니와 나 모두를
해방시키기 위해서

노력할 것을 다짐하면서,
숨을 내쉰다.

4) 몸의 긴장을 푸는 에너지 만들기

(1) 긴장을 풀어주기 위한 수련

몸을 편안하게 해주는 것은 매우 중요한 일이며, 긴장을 깊이 풀어내기 위한 이 수련은 우리의 몸과 마음을 치유하는데도 효과가 매우 크다. 아래에 적은 대로 수련을 한번하자면 30분쯤 걸리겠지만, 형편에 따라서 시간을 조절해도 좋다. 아침에 일어났을 때나 몹시 바쁜 낮에나 잠자리에 들기 전에 5분이나 10분 정도만 수련을 해도 좋을 것이다. 그리고 갈수록 시간을 길게 하면 수련의 깊이가 생길 것이다. 무엇보다도 중요한 것은 수련을 즐기는 태도다.

① 온몸을 자각하기

먼저, 방바닥이나 침대 위에 등을 맞대고 편안하게 눕는다. 두 눈을 지그시 감는다. 두 팔을 몸의 양 옆에 편안하게 놓고, 다리도 조금 벌려서 편안하게 놓는다.

숨을 들이쉬고 내쉴 때마다 지금 누워 있는 자신의 몸 전체를 자각해 본다. 바닥이나 침대에 닿아 있는 부분들을, 발꿈치와 다리 안쪽과 엉덩이와 등을 자각해본다. 숨을 내쉴 때마다 몸이 아래로 깊숙이 가라앉아 가고 있으며, 긴장과 근심걱정이 사라지고 아무것도 남아 있지 않다고 생각한다.

숨을 들이쉴 때는 배가 솟아오르는 것을 자각하고, 숨을 내쉴 때는 다시 꺼지는 것을 자각한다. 그렇게 몇 번 배가 솟아올랐다가 꺼지는 것을 의식해 본다.

② 두 발을 자각하기

그런 다음에, 숨을 들이쉬면서 두 발을 자각해 본다. 숨을 내쉬면서 두 발을 편안하게 한다. 숨을 들이쉬면서 두 발에게 사랑을 보내고, 숨을 내쉬면서 두 발에게 미소를 지어준다. 숨을 들이쉬고 내쉬면서, 나에게 두 발이 있다는 것이 얼마나 놀라운 사실인지를 생각한다. 걷게 해주고, 달리게 해주고, 스포츠를 하게 해주고, 춤을 추게 해주고, 운전을 하게 해준 두 발이 얼마나 소중한지를 생각한다. 내가 필요로 할 때마다 나를 위해서 거기에 있어주었던 두발에게 감사의 마음을 보낸다.

③ 두 다리를 자각하기

숨을 들이쉬면서 두 다리를 자각한다. 숨을 내쉬면서 두 다리의 모든 세포들을 편안하게 해준다. 숨을 들이쉬면서 두 다리에게 미소를 지어주고, 숨을 내쉬면서 두 다리에게 사랑을 보낸다. 지금 나의 두 다리가 그만큼이나마 힘이 있고 건강하다는 사실을 고맙게 생각한다. 숨을 들이쉬고 내쉬면서 두 다리에게 관심과 배려를 보낸다. 두 다리를 편안하게 해주고, 바닥에 천천히 가라앉게 해준다. 두 다리에 긴장이 남아 있다면 완전히 풀어준다.

④ 두 손을 자각하기

숨을 들이쉬면서 바닥에 놓여 있는 두 손을 자각한다. 숨을 내쉬면서 두 손의 근육에서 완전히 힘을 뺀다. 숨을 들이쉬면서 나에게 두 손이 있다는 것이 얼마나 놀라운 사실인지를 생각한다. 숨을 내쉬면서 두 손에게 사랑의 미소를 지어준다. 숨을 들이쉬고 내쉬면서 두 손 덕분에 내가 할 수 있는 모든 것들을 생각해본다. 요리를 하고, 글을 쓰고, 운전을 하고, 타인의 손을 잡고, 아기를 안고, 몸을 깨끗이 씻고, 그림을 그리고, 악기를 연주하고, 타자를 치고, 고장 난 물건을 고치고, 귀여운 동물을 쓰다듬고, 찻잔을 드는 등, 수많은 일들을 떠오르는 대로 생각해본다. 두 손이 있는 덕분에 할 수 있었던 일들이 너무도 많다. 나에게 두 손이 있다는 사실을 고맙게 여기고 그 손의 모든 세포들을 편안히 쉬게 한다.

⑤ 두 팔을 자각하기

숨을 들이쉬면서 두 팔을 자각해본다. 숨을 내쉬면서 두 팔의 긴장을 완전히 몰아낸다. 숨을 들이쉬면서 두 팔에게 사랑을 보내고 숨을 내쉬면서 두 팔에게 미소를 지어준다. 두 팔에 지금 그만큼이나마 힘이 있고 건강하다는 사실을 고맙게 생각한다. 타인을 안고, 그네를 타고, 청소하고, 잔디를 깎는 등, 수많은 일을 할 수 있게 해주었던 두 팔에게 감사의 마음을 보낸다.

숨을 들이쉬고 내쉬면서 바닥에 놓인 두 팔이 완전히 편안해지게 해준다. 숨을 내쉴 때마다 두 팔에서 긴장이 풀리는 것을 느껴본다. 자각으로서 두 팔을 감싸않은 채 두 팔의 모든 부위에서 느껴지는 기쁨과 편안함을 음미한다.

⑥ 두 어깨를 자각하기

숨을 들이쉬면서 두 어깨를 자각해본다. 숨을 내쉬면서 두 어깨의 긴장이 완전히 빠져나가도록 한다. 숨을 들이 쉬면서 두 어깨에게 사랑을 보내고, 숨을 내쉬면서 두 어깨에게 감사의 미소를 지어준다. 숨을 들이쉬고 내쉬면서 평소에 내가 두 어깨에 긴장과 스트레스를 주었던지 생각해본다. 숨을 내쉴 때마다 그 긴장이 어깨에서 빠져나가게 하고, 갈수록 편안해지게 한다. 두 어깨에게 관심과 배려를 보내주고, 내가 평소에 극심한 부담을 주고 싶어서 주었던 게 아니란 것을 두 어깨가 알게 해준다. 그리고 이제부터 되도록 두 어깨를 편안하게 해주도록 노력하면서 살아가고 싶다는 심정도 전해준다.

⑦ 심장을 자각하기

숨을 들이쉬면서 심장을 자각해본다. 숨을 내쉬면서 심장을 편안하게 해준다. 숨을 들이쉬면서 심장에게 사랑을 보낸다. 숨을 내쉬면서 심장에게 미소를 지어준다. 숨을 들이쉬고 내쉬면서, 나의 가슴속에서 지금 이 순간도 심장이 박동을 하고 있다는 것이 얼마나 놀라운 사실인지를 실감해본다. 나의 심장은 늘 나의 생명을 유지해주었고, 언제나 나를 위해서 그 자리에 있어주었다. 심장은 잠시도 쉬는 법이 없다. 심장은 나에게 삶의 모든 일을 추진할 수 있는 원동력을 주는 놀라운 기관이다. 숨을 깊게 들이쉬면 심장도 나를 사랑한다는 것을 느낄 수 있을 것이다. 숨을 내쉬면서 심장이 늘 기능을 제대로 할 수 있게 하는 삶을 살아가리라고 다짐한다. 숨을 내쉴 때마다 심장이 더욱더 편안해지는 것을 느껴본다. 심장의 모든 세포들이 편안함과 기쁨으로 미소 짓게 해준다.

⑧ 위와 장을 자각하기

숨을 들이쉬면서 위와 장을 자각해본다. 숨을 내쉬면서 위와 장을 편안하게 해준다. 숨을 들이쉬면서 위와 장에게 사랑과 감사의 마음을 보낸다. 숨을 내쉬면서 위와 장에게 따뜻한 미소를 지어준다. 숨을 들이쉬면서 위와 장이 편히 쉴 시간을 준다. 나의 위와 장은 날마다 내가 먹는 음식을 소화하고 분해해서 나에게 힘을 준다. 숨을 들이 쉬면서 위와 장의 긴장이 풀려 편안해지는 것을 느껴본다. 숨을 내쉬면서 위자 장이 지금 내 안에 있다는 사실을 기쁘게 생각한다.

⑨ 두 눈을 자각하기

숨을 들이쉬면서 두 눈을 자각해본다. 숨을 내쉬면서 두 눈과 그 주위의 근육들이 편안해지게 한다. 숨을 들이쉬면서 두 눈에게 미소를 지어주고, 숨을 내쉬면서 두 눈에게 사랑을 보낸다. 두 눈동자를 편히 쉬게 해준다. 숨을 들이쉬고 내쉬면서, 나의 두 눈이 얼마나 소중한 것인지를 생각해본다. 나의 두 눈은 내가 사랑하는 사람의 눈을 쳐다보게 해주고, 아름다운 석양을 감상하게 해주고, 글을 읽고 쓰게 해주고 느긋하게 산책을 하게 해주고, 하늘을 나는 새들을 보게 해준다. 그 모든 놀랍고도 기쁜 것을 나는 두 눈이 있기 때문에 경험할 수 있었다. 두 눈이 나에게 있음을 감사히 여기고 편히 쉬게 해준다. 두 눈의 주위에 아직도 긴장이 남아 있다면 눈을 부드럽게 뜨면 완전히 풀어 질 것이다.

⑩ 마무리 동작

마지막으로, 숨을 들이쉬면서 지금 편안하게 누워있는 나의 온몸을 다시 자각해본다. 숨을 내쉬면서 나의 몸 전체가 누워있는 편안하고 느긋한 기분을 즐겨본다. 숨을 들이 쉬면서 나의 몸 전체에게 미소를 지어주고, 숨을 내쉬면서 나의 몸 전체에게 사랑을 보내준다. 온몸의 모든 세포들이 기쁘게 미소 짓는 것을 느껴본다. 온몸의 모든 세포들에게 고마운 마음을 느껴본다. 그리고 배가 천천히 솟구쳐 올랐다가 가라앉는 것을 느껴본다.

우리 몸 어느 곳에 병이 들었거나 아플 때는 그 부위를 자각하고 거기에 사랑을 보낸다. 숨을 들이쉬면서 그 부위를 편안하게 해주고, 숨을 내쉬면서 지극한 사랑으로 미소를 지어준다. 나의 몸에는 아직 건강하고 튼튼한 곳이 훨씬 더 많다는 사실을 깨닫는다. 건강하고 튼튼한 부위들이 그 힘과 에너지를 병든 곳이나 아픈 곳에 보내주게 한다. 그 힘과 에너지와 사랑이 전해지는 것을 고스란히 느껴보자. 숨을 들이뒷면서 나의 몸을 스스로 치유할 능력이 내게 있다는 것을 믿고, 숨을 내쉬면서 아직도 나의 마음속에 남아있는 불안과 근심도 함께 내보낸다. 숨을 들이쉬고 내쉬면서 온전하지 못한 부위에게 사랑과 자신감의 미소를 지어주자.

만약 내가 다른 사람의 수련을 돕고 있으며, 즐거운 마음으로 그를 돕고 있다면, 그를 더욱 편안하게 해주기 위해서 나지막이 자장가를 불러주어도 좋을 것이다.

수련을 끝낼 때는, 천천히 기지개를 켜고 눈을 뜬다. 그리고 천천히, 차분하게 몸을 일으킨다. 그리고 그 동안에 몸 안에서 일어난 자각의 에너지와 차분해진 마음을 최대한 오래 유지하도록 노력한다.

– 틱낫한 스님 『화』에서

부모은중경(父母恩重經)

1. 회탐수호은(懷耽守護恩) - 몸에 실어 보호해주신 은혜

여러 겁 내려오는 인연이 지중하여 금생에 어머님의 태중에 들었어라 달 수가 차갈수록 오장이 생기었고 일곱 달 접어들며 육근을 이루었네. 태안에 아기 배어 열 달이 다가오니 순산이 언제련가. 손꼽아 기다리네. 나날이 기운이 없어 중병든 사람 같고. 무섭고 두려움을 이루 다 말로 하랴. 눈물만 시름없이 옷깃을 적신다.

2. 임산수고은(臨産受苦恩) - 나를 낳으실 때 고통을 마다않으신 은혜

어지신 어머님이 이내 몸 낳으실 때 오장을 육부까지 찢기고 어기는 듯 정신이 혼미하고 몸마저 무너지니 끝없이 흐르는 피, 소와 양을 잡았는듯. 나로하여 겪으신 그 고통 어디에 비길건가

3. 생자망우은(生子忘憂恩) - 자식 낳은 뒤 모든 근심, 고통을 잊어버리시는 은혜

출산하고 아기가 충실하단 말을 들을 땐 반갑고 기쁜 마음 비길데 없었건만. 기쁨이 진정되니 슬픈 마음 다시 나며 아프고 괴로움이 온몸에 사무치네. 부모의 깊은 은혜 바다로 비유하랴. 귀엽게 사랑하심 한땐들 어길건가.

4. 인고토감은(咽苦吐甘恩) - 좋은 것만 찾아 먹여주신 은혜

단것은 모두 뱉아 아기를 먹이시고 쓴 것만 삼키시면서도 얼굴도 찡그리지 않으시네. 사랑이 깊으시니 참을 길이 없고 은공이 높으시메 슬픔이 몇 곱일쎄. 어머님의 일편단심 아기 배 부르고져 사흘을 굶으신들 어찌 마다하랴

5. 회건취습은(廻乾就濕恩) - 진자리 마른자리 가려주신 은혜

아기는 어느 때나 마른데 눕히시며 찬바람 쏘일세라 소매로 가리우네. 아기를 돌보노라 잠 한번 편안히 주무시랴. 둥둥실 둥둥실 끌어안아 놀리시니 아기만 편하다면 무언들 사양하며. 어머님 이내 몸이야 어떤들 어떠하리. 어머니 크신 은혜 하늘, 땅에 견줄까?

6. 유포양육은(乳哺養育恩) - 젖먹이고 길러주신 은혜

두 젖을 번갈아서 아이 배불리시는 어머니 크신 은혜 땅에나 견줄까. 아버님 높은 공덕 하늘에 비기리까. 높고 큰 부모 은덕 천지와 같사오니. 자식을 사랑하는 부모 뜻 다를 소냐. 온 종일 사랑하시는 그 정성 아기를 기르시네.

7. 세탁부정은(洗濯不淨恩) - 언제나 깨끗이 닦아 주신 은혜

은혜가 깊을수록 얼굴은 야위었고 기저귀 빠느라고 손발이 거칠었네. 아들 딸 기르느라고 고생은 말로 다하랴. 어머니의 꽃 얼굴에 주름살이 잡히었네.

8. 원행억념은(遠行憶念恩) - 먼 길 떠나면 돌아오도록 걱정해주시는 은혜

자식이 집을 떠나 타향에 가게 되면 부모의 슬픔마음 그곳을 따라가네. 이맘은 밤낮으로 자식을 생각하고 흐르는 두 눈물이 천 줄기 만 줄기라 자식이 괴로우면 부모 맘 편치 않아 자식이 길을 떠나 먼 곳에 간다하면 밤이면 추울세라. 자식을 생각는 마음 잠시인들 쉬오리까.

9. 위조악업은(爲造惡業恩) - 자식을 위해서는 마다 않으신 은혜

부모님의 은혜가 강산같이 중하거니 깊고 깊은 그 은덕은 실로 갚기 어려워라. 자식의 괴로움은 대신 받기 원하시고 자식이 고생하면 부모 마음 편치 않네. 자식들이 잠시 동안 괴로운 일 당할 때면 어머님의 그 마음은 오래 두고 아프셔라. 그리하여 자식을 위하여는 악업도 능히 할 수 있는 것이 부모님이셔라.

10. 구경연민은(究竟憐愍恩) - 자식을 위한 은정은 끝이 없으신 은혜

늙으신 부모나이 백 살이 되어서도 여든 된 아들딸을 행여나 걱정하네. 부모의 깊은 은정 언제나 끊길 건가. 이 몸 다한 뒤에도 남아 있으리.

108배 자비명상

1 나는 어디서 와서 어디로 가는가? 를 생각하며 첫 번째 절을 올립니다.

2 이 세상에 태어나게 해주신 부모님께 감사 하며 두 번째 절을 올립니다.

3 나는 누구인가를 생각하며 세 번째 절을 올립니다.

4 나는 진정한 얼을 찾기 위해 네 번째 절을 올립니다.

5 나의 몸과 영혼의 귀중함을 생각하며 다섯 번째 절을 올립니다.

6 나의 영혼과 육체의 건강함을 위해서 여섯 번째 절을 올립니다.

7 내가 원하는 진정한 삶은 무엇인가? 를 생각하며 일곱 번째 절을 올립니다.

8 나부터 찾고 나부터 다스릴 줄 아는 지혜를 터득하기 위해 여덟 번째 절을 올립니다.

9 오늘 여기 살아 있는 목숨이 귀중함을 생각하며 아홉 번째 절을 올립니다.

10 나의 생존의 경이로움에 대하여 열 번째 절을 올립니다.

11 내가 나를 얼마나 사랑하고 있는지를 생각하며 열한 번째 절을 올립니다.

12 가족 간에 서로 사랑할 수 있도록 열두 번째 절을 올립니다.

13 사랑 속의 강함과 기쁨의 성장을 체험하기 위해 열네 번째 절을 올립니다.

14 오로지 사랑 속에서만 기쁨을 찾기 위해 열네 번째 절을 올립니다.

15 하나의 사랑이 우주 전체에 흐르고 있음을 알기 위해 열다섯 번째 절을

올립니다.

16 길을 잃어 헤매는 나에게 환한 빛으로 길을 열어준 스승님께 열여섯 번째 절을 올립니다.

17 내가 사랑하는 것은 바로 내 안에 살아 있음을 느끼며 열일곱 번째 절을 올립니다.

18 나의 스승이 내안에 살아계심을 생각하며 열여덟 번째 절을 올립니다.

19 내 생명과 우주 뭇 생명의 기원이 내 안에 살아있음에 열아홉 번째 절을 올립니다.

20 항상 모든 조상과 모든 신령이 지금 여기 내 안에 살아계심을 알고 믿으며 나를 향하여 스무 번째 절을 올립니다.

21 나로 인해 상처 받은 사람에게 용서를 빌며 스물한 번째 절을 올립니다.

22 진실로 자신을 생각하여 나쁜 짓을 하지 않기 위해 스물두 번째 절을 올립니다.

23 유리하다고 교만하지 않으며 스물세 번째 절을 올립니다.

24 불리하다고 비굴하지 않으며 스물네 번째 절을 올립니다.

25 남의 잘한 일은 드러내고 허물은 숨기며 스물다섯 번째 절을 올립니다.

26 중요한 이야기는 남에게 발설하지 않으며 스물여섯 번째 절을 올립니다.

27 남에게 원한을 품지 않으며 스물일곱 번째 절을 올립니다.

28 남에게 성내는 마음을 두지 않으며 스물여덟 번째 절을 올립니다.

29 듣지 않은 것을 들었다 하지 않으며 스물아홉 번째 절을 올립니다.

30 보지 않은 것을 보았다고 하지 않으며 서른 번째 절을 올립니다.

31 일을 준비하되 쉽게 되기를 바라지 않으며 서른한 번째 절을 올립니다.

32 남이 내 뜻대로 순종하기를 바라지 않으며 서른두 번째 절을 올립니다.

33 세상살이에 곤란함이 없기를 바라지 않으며 서른세 번째 절을 올립니다.

34 매 순간이 최선의 시간이 되도록 하기위해 서른네 번째 절을 올립니다.

35 세상을 정의롭게 살기위해 서른다섯 번째 절을 올립니다.

36 작은 은혜라도 반드시 갚을 것을 다짐하며 서른여섯 번째 절을 올립니다.

37 이기심을 채우고자 정의를 등지지 아니하며 서른일곱 번째 절을 올립니다.

38 남에게 지나치게 인색하지 않으며 서른여덟 번째 절을 올립니다.

39 이익을 위해 남을 모함하지 않으며 서른아홉 번째 절을 올립니다.

40 조그만 것을 투기하여 더욱 큰 것을 얻으려는 사행심에 마흔 번째 절을 올립니다.

41 모든 탐욕에서 절제할 수 있는 힘을 기르며 마흔한 번째 절을 올립니다.

42 생존의 가치가 물질의 노예로 떨어지지 않기를 빌며 마흔두 번째 절을 올립니다.

43 내 것이라고 집착하는 것이 괴로움의 근본임을 알며 마흔세 번째 절을 올립니다.

44 내가 파놓은 구덩이에 내가 빠져 허우적거리는 우매함에 마흔네 번째 절을 올립니다.

45 나약하고 비겁하지 않은 지혜의 힘을 기르며 마흔다섯 번째 절을 올립니다.

46 참는 마음과 분한 마음을 이겨 선행 할 수 있게 하며 마흔여섯 번째 절을 올립니다.

47 강한 자와 결탁하여 약한 자를 업신여기지 않으며 마흔일곱 번째 절을 올립니다.

48 아첨하지 않고 정직을 근본으로 삼으며 마흔여덟 번째 절을 올립니다.

49 누구보다 내 자신에게 떳떳하고 정직한 사람이 되기 위해 마흔아홉 번째 절을 올립니다.

50 행복, 불행, 탐욕이 내 마음 속에 있음을 알며 쉰 번째 절을 올립니다.

51 행복은 누가 주는 것이 아니라 자기가 만드는 것임을 알며 쉰한 번째 절을 올립니다.

52 평범한 것이 소중한 것임을 깨달으며 쉰두 번째 절을 올립니다.

53 지나간 일에 집착하지 않고 미래를 근심하지 않으며 쉰세 번째 절을 올립니다.

54 소유하되 일체의 소유에서 벗어나기 위해 쉰네 번째 절을 올립니다.

55 인내는 자신을 평화롭게 하는 것임을 알며 쉰여섯 번째 절을 올립니다.

56 참회하는 마음이 으뜸이 됨을 알며 쉰여섯 번째 절을 올립니다.

57 지혜를 통해 자유를 얻을 수 있기 위해 쉰일곱 번째 절을 올립니다.

58 마음을 쫓지 말고 마음의 주인이 되길 바라며 쉰여덟 번째 절을 올립니다.

59 자신을 닦는데 게을리 하지 않으며 쉰아홉 번째 절을 올립니다.

60 나를 강하게 하는 시련들에 대하여 감사하며 예순 번째 절을 올립니다.

61 시간이 흘러도 처음의 순수한 마음을 간직하며 예순한 번째 절을 올립니다.

62 모든 것에 감사하는 충만한 마음속의 기도를 위해 예순두 번째 절을 올립니다.

63 침묵 속에서 나를 발견할 수 있음에 감사하며 예순세 번째 절을 올립니다.

64 자신의 삶에 충실할 수 있는 고귀한 순수를 모시며 예순네 번째 절을 올립니다.

65 열악한 노동조건 속에서 일하는 근로자들을 모시며 예순다섯 번째 절을 올립니다.

66 가난으로 굶주리고 힘겨운 생활을 하는 빈민을 모시며 예순여섯 번째 절을 올립니다.

67 우리의 건강한 먹거리를 위해 땀 흘리는 농민들을 모시며 예순일곱 번째 절을 올립니다.

68 많게 가졌든 적게 가졌든 남을 위해 나누는 마음을 모시며 예순여덟 번째 절을 올립니다.

69 내 몸을 빌어 귀한 생명으로 태어난 자식을 모시며 예순아홉 번째 절을 올립니다.

70 나와 더불어 사랑으로 하나 된 배우자를 모시며 일흔 번째 절을 올립니다.

71 맑고 순수한 영혼을 가진 장애우들을 모시며 일흔한 번째 절을 올립니다.

72 함께 웃고 함께 울며 함께 길을 가는 친구를 모시며 일흔두 번째 절을 올립니다.

73 누릴 수 있으나 절제하는 자발적 가난을 모시며 일흔세 번째 절을 올립니다.

74 자신을 낮추어 낮은 곳으로 자리하는 겸손을 모시며 일흔네 번째 절을 올립니다.

75 항상 나보다 남을 배려할 수 있는 양보심을 모시며 일흔다섯 번째 절을 올립니다.

76 지구, 자연이 병들어 감을 생각하며 일흔여섯 번째 절을 올립니다.

77 사람의 생명과 지구 자연의 모든 생명은 공동체임을 자각하며 일흔 일곱 번째 절을 올립니다.

78 인간의 욕심에 파괴되어 고통 받고 신음하는 생명들을 위해 일흔여덟 번째 절을 올립니다.

79 병들어가는 생태계의 회복을 위해 일흔아홉 번째 절을 올립니다.

80 천지에 충만한 생명의 소리에 귀 기울이며 여든 번째 절을 올립니다.

81 생명은 영혼의 율동임을 깨달음을 여든한 번째 절을 올립니다.

82 생명은 사랑과 그리움의 대상임을 알고 느끼며 여든두 번째 절을 올립니다.

83 맑은 시냇물 소리에 정신이 맑아짐을 느끼며 여든세 번째 절을 올립니다.

84 맑고 고운 새소리를 들을 수 있음에 감사하며 여든네 번째 절을 올립니다.

85 시원한 바람 소리에 내 몸을 맡기며 여든 다섯 번째 절을 올립니다.

86 맑은 공기를 마실 수 있음에 감사하며 여든여섯 번째 절을 올립니다.

87 항상 제자리에서 아름다움을 느끼게 하는 들꽃에 여든일곱 번째 절을 올립니다.

88 좌우를 품고 침묵하며 바람과 눈으로 일러주는 산과 들에 여든 번째 절을 올립니다.

89 모든 식생을 살리고 언제나 생명들을 살리는 대지에 여든아홉 번째 절을 올립니다.

90 모든 생명들을 키워주는 하늘에 감사하며 아흔 번째 절을 올립니다.

91 나 자신의 평화를 기원하며 아흔한 번째 절을 올립니다.

92 뭇 생명들과 함께하는 평화를 기원하며 아흔두 번째 절을 올립니다.

93 나와 더불어 사는 이웃들의 평화를 위해 아흔세 번째 절을 올립니다.

94 의미 없이 나누어진 지역과 지역 간의 평화를 위해 아흔네 번째 절을 올립니다.

95 정치적 이해로 다투는 국가와 국가 간의 평화를 위해 아흔다섯 번째 절을 올립니다.

96 이 세상의 모든 종교와 종교 간의 평화를 위해 아흔여섯 번째 절을 올립니다.

97 산 것과 죽은 것의 평화를 위해 아흔일곱 번째 절을 올립니다.

98 사람과 자연의 평화를 위해 아흔여덟 번째 절을 올립니다.

99 깨달음으로 충만한 마음의 평화를 위해 아흔아홉 번째 절을 올립니다.

100 가진 자와 못 가진 자와의 손잡음을 위해 백 번째 절을 올립니다.

101 건강한 자와 병든 자의 손잡음을 위해 백한 번째 절을 올립니다.

102 배운 자와 못 배운 자의 손잡음을 위해 백두 번째 절을 올립니다.

103 어두운 그림자에 사로잡혀 본래의 모습을 잃은 삶을 위해 백세 번째 절

을 올립니다.

104 나로 인해 어지러워진 모든 인과를 겸허하게 받아들이며 백네 번째 절을 올립니다.

105 나를 사랑하고 돌보아 주는 사람들에게 감사하며 백다섯 번째 절을 올립니다.

106 내가 누리는 모든 선과 아름다운 것들에 대해 감사하며 백여섯 번째 절을 올립니다.

107 나의 생존의 경이로움과 지금 여기 끊임없이 생성하는 생존에 대해 감사하며 백일곱 번째 절을 올립니다.

108 이 모든 것을 품고 하나의 우주인 귀하고 귀한 생명인
나를 위해 백여덟 번째 절을 올립니다.

김영동, 「생명의 소리」에서

느낌을 표현하는 용어 모음

기쁨, 즐거움	화냄. 미움	슬픔. 안타까움	사랑스러움. 정	의아스러움
행복하다.	불쾌하다	우울하다	사랑스럽다	의심스럽다
자유롭다	신경질 난다	처량하다	인정받은 느낌	불확실하다
상큼하다	속이 부글부글	울고 싶다	매력을 느낀다	아득하다
흐뭇하다	배반당한 느낌	모욕당한 느낌	따뜻함을 느낀다	막막하다
산뜻하다	억울하다	가슴이 저린다	관심이 간다	걱정된다
안심된다	불만이다	절망스럽다	감사함을 느낀다	미칠 지경이다
날아갈 것 같다	골치가 아프다	소외감	의욕을 느낀다	혼돈스럽다
시원하다	지겹다	혼자인 느낌	고맙다	절망적이다
짜릿하다	역겹다	상처받았다	평화스럽다	후회스럽다
황홀하다	괴롭히고 싶다	불행하다	도와주고 싶다	생소하다
놀라움	**무서움**	**그리움**	**부끄러움**	**힘**
놀랍다	공포를 느낀다	감사함을 느낀다	쥐구멍을 찾고 싶다	의존하고 싶다
당황하다	겁난다	보고 싶다	부끄럽다	능력 없다
길 잃은 느낌	초조하다	버림받은 느낌	죄송스럽다	낙담했다
흥분을 느낀다	간이 콩알만 하다	부담감을 느낀다.	마음이 무겁다	맥 풀린다
골치 아프다	위협을 느낀다	뒤쳐진 느낌	창피하다	압도당한 느낌
감격했다	소름이 끼친다.	기분이 묘하다	미안하다	자신감을 느낀다
판단 받은 느낌	몸이 떨린다	가슴이 뭉클하다	쑥스럽다	마음이 든든하다
덫에 걸린 느낌	불안하다	생각이 없다.	한심하다	어른이 된 느낌
긴장을 느낀다	벼랑에 선 느낌	왕따 된 느낌	바보스러운 느낌	성공감을 느낀다
화끈거린다	피하고 싶다.	애간장이 탄다	죄책감	희망을 느낀다

템플스테이 일정표

	첫째날	둘째날	셋째날
오전 03:30		기 상	
04:00		예불 · 108배 자비명상	
05:00		새벽숲길 걷기명상	앉아서 하는 명상
06:00		아침공양(부페)	
07:00		울 력	울 력
08:00		차 한잔을 마시며	함께하는 자비관
09:00		상상의 나라 염주꿰기	
10:00			당신은 사랑받기 위해 태어난 사람
11:00		내가 살고 있는 삶 내가 살고 싶은 삶	
12:00		발우공양	점심공양(부페) 집 으 로 · · ·
오후 1:00		휴 식	행복하세요 
2:00	입제	산행	
3:00	오리엔테이션		
4:00	사찰안내		
5:00	저녁공양(부페)	떼발우	
6:00	저녁예불(타종체험) 휴식 · 산책	저녁예불(타종체험) 휴식 · 산책	
7:00	자기소개와 친분 쌓기	구름이 흩어지고 모이듯이	
8:00			
9:00	자유토론시간	자유토론시간	
10:00	-몸과 마음 바라보기- 취 침	-취침명상- 취 침	

* 사찰에 따라 일정이 바뀔 수 있습니다.

느낌, 몸, 마음 노트

프로그램명	새벽 숲길 걷기 명상
경험한 내용	스님이 앞장서서 걸으시고 뒤이어 줄을 맞춰서 산길을 올라갔다. 약수물을 먹고 잠시 있다가 내려왔다. 눈을 감고 내려오다가, 눈을 뜨고 옆 사람의 길을 인도했다.
그 때 일어난 몸의 현상	처음에는 다리가 딱딱하게 굳어지더니 서서히 몸이 가벼워졌다. 약수를 마실 때는 목안에 차가움이 느껴졌고, 순간 몸이 떨렸다.
그 때 일어났다 사라진 느낌	새벽 공기가 시원했으나 어두워서 무섭기도 했다. 발을 맞춰 걸을 때 느리게 걸어서 답답했다. 눈을 감을 때 넘어질까 봐 불안했고, 다른 사람이 다칠까봐 조마조마했다.
그 때 일어난 마음의 변화	답답한 기분이 들면서 조급한 마음이 일어나면서, 이 새벽에 무슨... 하면서 진행자를 원망하는 짜증이 일어났다. 내려오고 나서 방에 들어오니 상쾌해지면서 '잘 갔다 왔다!' 라는 마음이 들었다.
자신에 대해 알게 된 점	어떤 상황에서 내가 하고 싶지 않은 일을 당하는 경우에는 습관적으로 나 자신을 살피기보다는 다른 사람을 원망하는 내 모습이 보였다.

느낌, 몸, 마음노트 1

프로그램명	
경험한 내용	
그 때 일어난 몸의 현상	
그 때 일어났다 사라진 느낌	
그 때 일어난 마음의 변화	
자신에 대해 알게 된 점	

느낌, 몸, 마음노트 2

프로그램명	
경험한 내용	
그 때 일어난 몸의 현상	
그 때 일어났다 사라진 느낌	
그 때 일어난 마음의 변화	
자신에 대해 알게 된 점	

참고문헌

고요한 소리(1994). 새불교 원초불교 수행편. 고요한 소리
김정규(1995). 게슈탈트 심리치료. 학지사
마가, 이주영(2005). 내안에서 찾는 붓다. 무한
마가, 이주영(2007). 고마워요 자비명상. 불광출판
샤론 살스버그(1995). 붓다의 러브레터 김재성 역. 정신세계사
용타스님. 마음 알기, 다루기, 나누기. 대원정사
이주영(2003). 게슈탈트 집단상담 프로그램이 교사효능감 증진에 미치는 효과. 한국 교원대학교 석사학위논문.
잭 콘필드(2006). 마음의 숲을 거니다. 이현철 옮김. 한언출판사
참교육상담소(1994). 학생상담 어떻게 할 것인가. 푸른 나무
틱낫한(2002). 화. 최수민 옮김. 명진출판사
GERALD COREY 외 1인 (2001). 집단 상담 과정과 실제. 김명권 외 역. 시그마프레스
John Welwood(2000).Toward a psychology of awakening shambhala.
Sayadaw U Pandita(1993). In This Very life. BPS

【저자약력】

마가 스님

- 중앙승가대 복지학과 졸업
- 마곡사 포교국장 역임
- 한국불교문화사업단 사무국장 역임
- 현)중앙대학교 교양학과 겸임교수
- 현)동국대학교 강사
- 현)천안 만일사 주지
- 현)나누는 기쁨 공동체 상임대표(cafe.daum.net/jurira)
- 공저: 내 안에서 찾는 붓다(2005. 무한출판)
  고마워요 자비명상(2007. 불광출판)

내 마음 바로보기

인 쇄 / 2014년 1월 20일
발 행 / 2014년 1월 25일

엮은이 / 마 가
발행인 / 김 창 석
발행처 / 홍익출판사

대구광역시 중구 삼덕 3가 245-2
(053) 421-6700, 427-3627
등록 1987년 11월 26일 제1-107호

정가 7,000원

ISBN 978-89-7826-198-2 03220